VAMOS A ESTUDIAR COREANO :
Cuaderno de Práctica Todo en Uno para Gramática, Ortografía, Vocabulario y Comprensión de Lectura con más de 600 Preguntas

ISBN 979-11-88195-41-1

BRIDGE EDUCATION

Información de pedidos: Descuentos especiales están disponibles en compras de cantidad para uso educativo, comercial o de promoción de ventas por instituciones académicas, organizaciones sin fines de lucro, corporaciones, asociaciones y otros. Para obtener más información, póngase en contacto con el editor en la dirección de correo electrónico que aparece a continuación.

marketing@newampersand.com

www.newampersand.com
14 13 12 11 10 / 10 9 8 7 6 5 4 3 2 1

Tabla de Contenido

SUJETO / OBJETO / PARTÍCULAS
주어 / 목적어 / 조사

Pregunta 1 - 20. Identifique el SUJETO de las oraciones. Si hay más de uno, elija una que tenga a ambos.

1. 하늘이 맑다.

A.늘 B.늘이 C.하늘 D.이 E.맑다

2. 장미가 예쁘다.

A.장 B.미가 C.가 D.장미 E.예쁘

3. 음식이 맛있다.

A.음식이 B.맛있 C.맛 D.음식 E.있

4. 갑자기 바람이 분다.

A.갑 B.갑자 C.바람 D.분 E.분다

5. 모자가 매우 작다.

A.매우 B.작다 C.모자 D.모자 / 매우 E.모자 / 작다

6. 예쁜 강아지가 뛰어가고 있습니다.

A.예쁜 B.뛰어 C.강아지 D.강아지 / 뛰어 E.있습니다

7. 나비가 날아와 꽃에 앉았다..

A.날아와 B.나비 C.날아 D.꽃에 E.앉았다

8. 제 이름은 김철수입니다.

A.김철수 B.제 C.김철수 / 제 D.김철수 / 이름 E.이름

9. 시원한 바람이 불었다.

A.시원 B.시원한 C.불면 D.좋겠다 E.바람

10. 어두운 구름이 빠르게 없어지고 있습니다.

A.어두운 B.구름 C.빠르게 D.없어지고 E.있습니다

11. 지갑을 잃어버린 철수가 슬퍼하고 있습니다.

A.지갑 B.철수 C.슬퍼 D.잃어버린 E.지갑 / 철수

12. 영희와 철수가 눈사람을 만들고 있습니다.

A.눈사람 B.영희 / 철수 C.만들고 D.영희 / 철수 / 눈사람 E.희와

13. 철수가 영희를 보고 웃었다.

A.철수 B.영희 C.철수 / 영희 D.철수가 영희 E.웃었다.

14. 민수는 무서운 영화를 보면 악몽을 꾼다.

A.민수 B.무서운 / 보면 C.영화 / 악몽 D.꾼다 E.영화를

15. 한라산은 얼마나 높을까?

A.한라산 B.높 C.얼마나 D.한라산 / 높을 E.한라산 / 높을까

16. 사나운 사자가 뛰어가고 있습니다.

A.사나운 B.사자 C.사자가 D.뛰어 E.있습니다

17. 사과는 건강에 아주 좋습니다.

A.사과 B.사과 / 건강 C.아주 D.사과 / 아주 E.좋습니다.

18. 고기는 단백질을 많이 함유하고 있다.

A.고기 B.단백질 C.함유 D.고기 / 단백질 E.고기 / 함유

19. 학생은 공부를 열심히 해야 한다.

A.학생은 B.학생 C.공부 D.열심히 E.학생 / 공부

20. 따뜻한 수프는 감기를 빨리 낫게 해준다.

A.따뜻한 B.수프 C.따뜻한 수프 D.감기 E.해준다

Pregunta 21 - 40. Elija la PARTÍCULA MARCADORA DE OBJETO correcta para completar la oración.

21. 사과( ) 먹는다.

A.을 B.를

22. 제 이름( ) 아세요?

A.을 B.를

23. 하늘( ) 보면 마음이 상쾌해진다.

A.을 B.를

24. 전화기( ) 꺼주세요.

A.을 B.를

25. 저녁 식사로 짜장면(   ) 먹어야겠다!

A.을 B.를

26. 내가 하는 말(   ) 잘 들어라.

A.을 B.를

27. 엄마(   ) 보면 나랑 많이 닮은 것 같지 않니?

A.을 B.를

28. 닭(   ) 보면 공룡이 생각나지 않니?

A.을 B.를

29. 소금(   ) 많이 먹으면 짜요.

A.을 B.를

30. 축구(   ) 할까?

A.을 B.를

31. 야구(   ) 할까, 농구(   ) 할까?

A.을 / 을 B.를 / 를 C. 을 / 를 D. 를 / 을

32. 닭고기(   ) 먹을까, 돼지고기(   ) 먹을까?

A.을 / 을 B.를 / 를 C. 을 / 를 D. 를 / 을

33. 나(　) 보면, 누구(　) 떠올리니?

A.을 / 을　B.를 / 를　C. 을 / 를　D. 를 / 을

34. 달콤한 사탕(　) 좋아하니, 새콤한 레몬을(　) 좋아하니?

A.을 / 을　B.를 / 를　C. 을 / 를　D. 를 / 을

35. 물(　) 너무 많이 마시면 건강(　) 해칠 수 있다.

A.을 / 을　B.를 / 를　C. 을 / 를　D. 를 / 을

36. 햄버거에 치즈(　) 두 장 넣고, 빵(　) 얹으세요.

A.을 / 을　B.를 / 를　C. 을 / 를　D. 를 / 을

37. 바지(　) 입고, 자켓(　) 입으세요.

A.을 / 을　B.를 / 를　C. 을 / 를　D. 를 / 을

38. 피망(　) 좋아하니, 양파(　) 좋아하니?

A.을 / 을　B.를 / 를　C. 을 / 를　D. 를 / 을

39. 고개(　) 높이 들고 저 앞(　) 똑바로 보아라.

A.을 / 을　B.를 / 를　C. 을 / 를　D. 를 / 을

40. 여행(　) 가면 사진(　) 많이 찍어야지!

A.을 / 을　B.를 / 를　C. 을 / 를　D. 를 / 을

Pregunta 41 - 60. Elija la PARTÍCULA MARCADORA DE SUJETO correcta para completar la oración.

41. 비행기(　) 도착했다.

A.이 B.가

42. 당신 이름(　) 뭐였죠?

A.이 B.가

43. 하늘(　) 맑으면 마음이 상쾌해진다.

A.이 B.가

44. 사과가(　) 정말 달다!

A.이 B.가

45. 내일 비(　) 안오면 좋겠다!

A.이 B.가

46. 무서운 괴물(　) 크게 소리쳤다 .

A.이 B.가

47. 엄마(　) 만들어주신 맛있는 불고기 요리.

A.이 B.가

48. 철수(　) 중학생이 되었다고 ?

A.이 B.가

49. 소금(　) 많이 뿌려져서 짜요.

A.이 B.가

50. 게임(　) 그렇게 재밌어?

A.이 B.가

51. 야구(　) 좋아, 농구(　) 좋아?

A.이 / 이 B.가 / 가 C. 이 / 가 D. 가 / 이

52. 닭(　) 먼저일까, 달걀(　) 먼저일까?

A.이 / 이 B.가 / 가 C. 이 / 가 D. 가 / 이

53. 제(　) 말한 다음에 여러분(　) 따라하세요.

A.이 / 이 B.가 / 가 C. 이 / 가 D. 가 / 이

54. 생선 구이(　) 좋아, 비빔밥(　) 좋아?

A.이 / 이 B.가 / 가 C. 이 / 가 D. 가 / 이

55. 내일 아침(　) 되면, 편지(　) 도착하겠지!

A.이 / 이 B.가 / 가 C. 이 / 가 D. 가 / 이

56. 햄버거에 치즈(　) 없어서, 맛(　) 별로 없네요.

A.이 / 이 B.가 / 가 C. 이 / 가 D. 가 / 이

57. TV 리모컨(　) 없어져서, 아빠(　) 화나셨다.

A.이 / 이 B.가 / 가 C. 이 / 가 D. 가 / 이

58. 택시( ) 너무 느리게 가서, 손님( ) 소리를 질렀다.

A.이 / 이 B.가 / 가 C. 이 / 가 D. 가 / 이

59. 산에 불( ) 나서 소방 헬기( ) 출동했다.

A.이 / 이 B.가 / 가 C. 이 / 가 D. 가 / 이

60. 컴퓨터( ) 고장나서 전원( ) 켜지지가 않아!

A.이 / 이 B.가 / 가 C. 이 / 가 D. 가 / 이

Pregunta 61 - 80. Complete el espacio en blanco usando la PARTÍCULA MARCADORA DE SUJETO correcta para completar la oración.

61. 나( ) 너( ) 정말로 사랑해.

62. 닭고기( ) 치즈보다, 지방( ) 적다.

63. 야구( ) 보다가, 재미가 없어서 영화( ) 보았다.

64. 김치( ) 맵지만, 유산균( ) 많아서 건강에 좋다.

65. 세상에( ) 정말로 많은 나라들( ) 있구나.

66. 차( ) 많이 막혀서 친구( ) 만나지 못했다.

67. 자동차( ) 10,000개의 부품( ) 사용해 만들어진다.

68. 철수( ) 라면( ) 먹을때 항상 우유( ) 마신다.

69. 외국인들( ) 한국의 여름( ) 가장 좋다고 말한다.

70. 빵( ) 먹을때는 음료수( ) 같이 마셔야지!

71. 민구( ) 게임( ) 하면 시간( ) 가는 줄 모른다.

72. 하늘( ) 바라보니, 태양( ) 너무 강렬해서 눈( ) 감았다.

73. 목욕( ) 하니까 피로( ) 풀린 철수( ) 금세 잠들었다.

74. 선생님( ) 말하셨다. "철수( ) 일어나서 큰 소리로 책( ) 읽어라."

75. 내일( ) 토요일. 그러면 내일 모레( ) 일요일이니까, 교회에 가서 예배( ) 드려야겠다.

76. 나( ) 너무 배가 불러서 디저트( ) 하나도 먹지 못해서 기분( ) 좋지 않았다.

77. 공부( ) 하나도 못해서 시험 성적( ) 엉망이다.

78. 내( ) 입양한 강아지( ) 몸( ) 아파서 약( ) 먹였는데, 열( ) 낮아지지 않았다.

79. 고양이( ) 자신의 영역( ) 지키기 위해서 사람( ) 공격할 수 있다.

80. 영화( ) 보고 싶었는데, 같이 보기로 한 친구( ) 시간( ) 없어서 나 혼자 보았다.

Pregunta 81 - 100. Encuentre las partículas que se usan incorrectamente y escriba las correctas debajo de ellas.

81. 로보트을 만들었어요.

82. 철수은 책을 읽다가 힘이 들어서 산책를 하러 공원에 나갔습니다.

83. 스마트폰는 우리의 생활를 바꾸어 놓은 테크놀로지다.

84. 맥주을 마시면 배가 부르지만 기분가 좋아진다.

85. 피자는 어린이들만 좋아하는 음식가 아니라, 어른들도 좋아한다.

86. 원숭이이 바나나을 좋아한다는 이야기는 사실이었어!

87. 안경를 잃어버린 철수는 앞가 잘 보이지 않아서 고생했다.

88. 문장의 의미을 모르면 뜻를 이해하는 게 쉽지 않다.

89. 코끼리이 옆에 있으면, 사람이 정말 작아 보인다. 반대로, 강아지가 옆에 있으면, 사람가 커 보인다.

90. 엄마가 아빠에게 문자을 보냈다. "집에 올때 마트에서 고기을 사오세요."

91. 한국의 여름는 너무 더워서 노인들이 힘들어한다.

92. 기분가 좋지 않으면 노래를 크게 불러보자!

93. 술를 너무 많이 마시면 건강가 나빠진다!

94. 공부을 열심히 하면, 너의 꿈가 이루어 질 거야.

95. 잠를 안자고 스마트폰을 가지고 놀면, 피곤해진다.

96. 소나무에 솔방울가 크게 열렸다. 사다리를 가지고 와서 따볼까?

97. 운동를 너무 열심히 했더니 몸가 피곤하구나.

98. 연습를 많이 해야 실력이 좋아지지.

99. 한글를 공부하면, 한국어 실력이 훨씬 좋아질 거야!

100. 나보다 나이가 많은 사람를 만나면, 예의을 갖춰서 말해야 한다.

Clave de respuestas

1. C		56. D	
2. D		57. C	
3. D		58. D	
4. C		59. C	
5. C		60. D	
6. C		61. 는/를	
7. B		62. 가/이	
8. A		63. 를/를	
9. E		64. 는/이	
10. B		65. 는/이	
11. B		66. 가/를	
12. B		67. 는/을	
13. A		68. 가/을/를	
14. A		69. 은/이	
15. A		70. 을/를	
16. B		71. 는/을/이	
17. A		72. 을/이/을	
18. A		73. 을/가/가	
19. B		74. 이/야/을	
20. B		75. 은/는/를	
21. B		76. 는/를/이	
22. A		77. 를/이	
23. A		78. 가/가/이/을/이	
24. B		79. 는/을/을	
25. A		80. 를/가/이	

81. 로보트를 만들었어요.

82. 철수는 책을 읽다가 힘이 들어서 산책을 하러 공원에 나갔습니다.

83. 스마트폰은 우리의 생활을 바꾸어 놓은 테크놀로지다.

84. 맥주를 마시면 배가 부르지만 기분이 좋아진다.

85. 피자는 어린이들만 좋아하는 음식이 아니라, 어른들도 좋아한다.

86. 원숭이가 바나나를 좋아한다는 이야기는 사실이었어!

87. 안경을 잃어버린 철수는 앞이 잘 보이지 않아서 고생했다.

88. 문장의 의미를 모르면 뜻을 이해하는 게 쉽지 않다.

89. 코끼리가 옆에 있으면, 사람이 정말 작아 보인다. 반대로, 강아지가 옆에 있으면, 사람이 커 보인다.

90. 엄마가 아빠에게 문자를 보냈다. "집에 올때 마트에서 고기를 사오세요."

91. 한국의 여름은 너무 더워서 노인들이 힘들어한다.

92. 기분이 좋지 않으면 노래를 크게 불러보자!

93. 술을 너무 많이 마시면 건강이 나빠진다!

94. 공부를 열심히 하면, 너의 꿈이 이루어 질 거야.

95. 잠을 안자고 스마트폰을 가지고 놀면, 피곤해진다.

96. 소나무에 솔방울이 크게 열렸다. 사다리를 가지고 와서 따볼까?

97. 운동을 너무 열심히 했더니 몸이 피곤하구나.

98. 연습을 많이 해야 실력이 좋아지지.

99. 한글을 공부하면, 한국어 실력이 훨씬 좋아질 거야!

100. 나보다 나이가 많은 사람을 만나면, 예의를 갖춰서 말해야 한다.

26. A	
27. B	
28. A	
29. A	
30. B	
31. B	
32. B	
33. B	
34. A	
35. A	
36. D	
37. D	
38. C	
39. D	
40. A	
41. B	
42. A	
43. A	
44. B	
45. B	
46. A	
47. B	
48. B	
49. A	
50. A	
51. B	
52. A	
53. D	
54. D	
55. C	

Conecte las partículas correctas con el sujeto.

송아지 •

　　　　　　　　　　　• 이

수박 •

하늘 •

　　　　　　　　　　　• 가

책 •

철수 •

　　　　　　　　　　　• 은

내 친구 •

책상 •

　　　　　　　　　　　• 는

컴퓨터 •

자동차 •

　　　　　　　　　　　• 을

침대 •

방석 •

　　　　　　　　　　　• 를

가방 •

Encierre en un círculo EL SUJETO para hacer una oración.

얼굴에	빨리	배가
갑니다.	다리가	천천히
회사에	기차가	왜
커피가	완전히	한번

고프다.
아프다.
떠났다.
뜨겁다.

Clave de respuestas

배가, 다리가, 기차가, 커피가

Encierre la PARTÍCULA correcta.

Clave de respuestas

호랑이가. 나비가. 수박은. 강아지는. 태양은. 노래를. 영화를. 왕관을.

Encuentre las oraciones con las PARTÍCULAS usadas incorrectamente y escriba las respuestas correctas debajo de ellas.

로보트을 만들었어요. 공부를 많이 했어요.

맥주이 맛있다. 소금는 짜다. 하늘이 맑다.

노래를 불러요. 스포츠카은 빠르다. 하마는 입가 크다.

공부가 즐겁다. 책읽기는 재밌다. 영어은 어려워요.

피자는 맛있다. 고추은 매워요. 호랑이가 달려간다.

원숭이은 귀엽다. 치타는 빠르다. 전화를 받습니다.

음악을 듣습니다. 영화을 봅니다. 라면를 먹습니다.

PREDICADO
서술어

Pregunta 101 - 120. Lea las siguientes oraciones e identifique la parte que tiene un predicado.

101. 날씨가 춥다.

102. 영희가 청소를 하고 있다.

103. 강아지가 사료를 먹고 있다.

104. 나무가 매우 크다.

105. 기차가 정말로 길다.

106. 독감에 걸려 몸이 아프다.

107. 오늘은 정말 졸리다.

108. 아침부터 비가 옵니다.

109. 아기가 방긋 웃고 있습니다.

110. 제 친구들은 러시아 사람입니다.

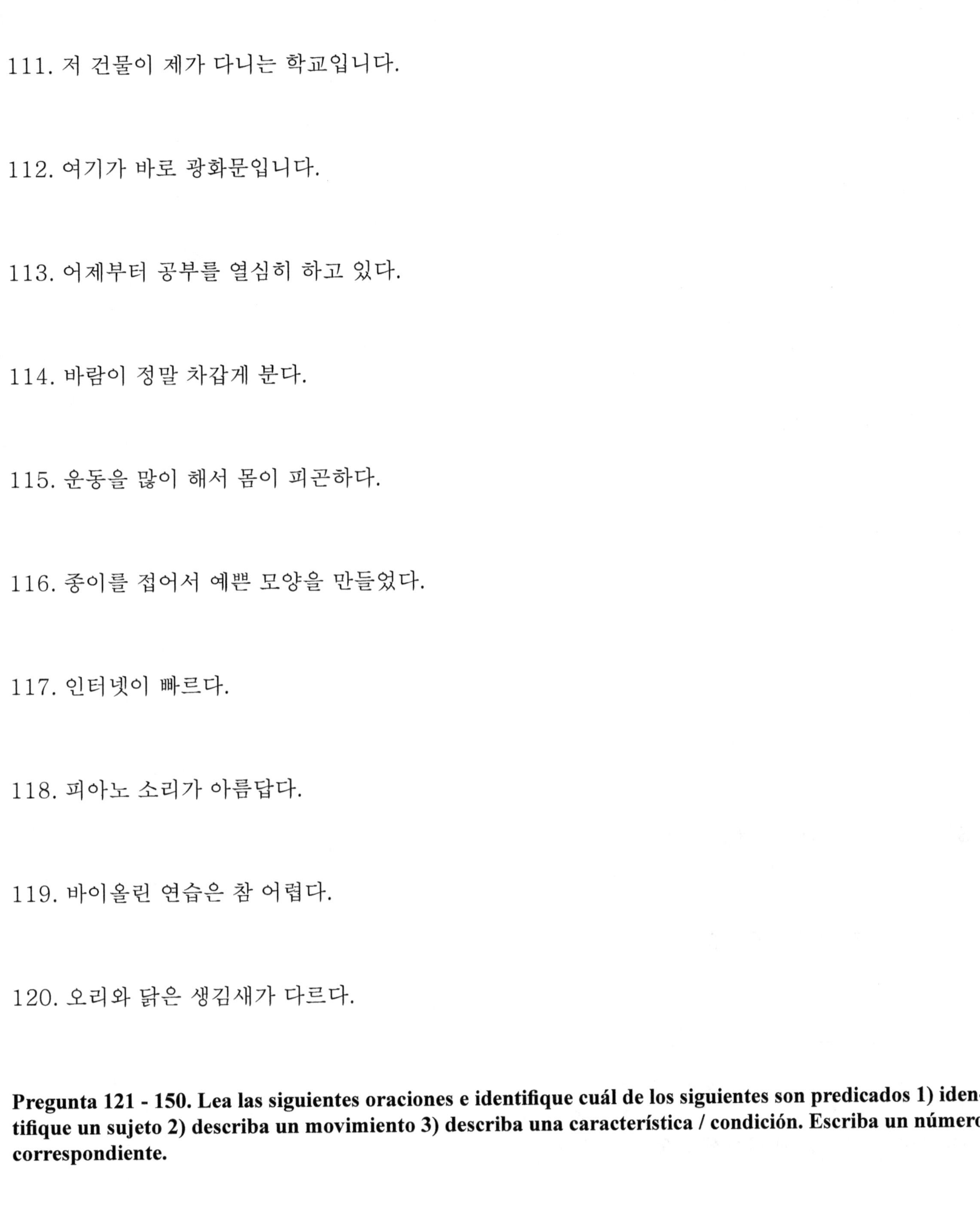

111. 저 건물이 제가 다니는 학교입니다.

112. 여기가 바로 광화문입니다.

113. 어제부터 공부를 열심히 하고 있다.

114. 바람이 정말 차갑게 분다.

115. 운동을 많이 해서 몸이 피곤하다.

116. 종이를 접어서 예쁜 모양을 만들었다.

117. 인터넷이 빠르다.

118. 피아노 소리가 아름답다.

119. 바이올린 연습은 참 어렵다.

120. 오리와 닭은 생김새가 다르다.

Pregunta 121 - 150. Lea las siguientes oraciones e identifique cuál de los siguientes son predicados 1) identifique un sujeto 2) describa un movimiento 3) describa una característica / condición. Escriba un número correspondiente.

121. 나는 학생이다.

122. 나의 이름은 김철수다.

123. 내 친구는 키가 크다.

124. 민호가 책을 읽고 있다.

125. 기린의 목은 정말 길다.

126. 백화점에 사람들이 정말 많다!

127. 얼룩말이 뛰어간다.

128. 머리가 아프다.

129. 구름이 천천히 지나간다.

130. 저기 있는 사람이 내 삼촌이야.

131. 전화기가 따르릉 울렸습니다.

132. 바나나는 노랑색이다.

133. 철수가 자전거에 앉아서 운동하고 있다.

134. 날씨가 맑다.

135. 바람이 매섭게 불어 춥다.

136. 공부를 하다가 잠들었다.

137. 이 커다란 동물이 공룡입니다.

138. 얼룩말이 빠르게 달려간다.

139. 휘발유 가격이 비싸다.

140. 다이어트를 많이 해서 날씬하다.

141. 소리가 너무 크다.

142. 라면을 먹었다.

143. 라면이 맵다.

144. 라면이 보글보글 끓는다.

145. 도서관에 책이 많다.

146. 지갑을 잃어버렸다.

147. 운동은 힘들다.

148. 책상위에 있는 것은 연필입니다.

149. 비행기가 자동차보다 빠르다.

150. 한국어 공부는 즐겁다.

Pregunta 151 - 180. Complete los espacios en blanco con los predicados apropiados de la lista para completar las siguientes oraciones.

아프다   고프다   높다   낮다   즐겁다   동물이다

식물이다   달려간다   느리다   책상입니다   길다   달다

펄럭입니다   학생이다   어리다   영화다   이민수입니다   똑같다

다르다   먹고 있다   배부르다   앉았다   많다   선생님이다

호랑이다   날아간다   크다   쉽다   잠들었다   건물이다

151. 롯데월드타워는 555미터로, 대한민국에서 가장 높은 (   ).

152. 눈이 많이 쌓인 길에서 넘어졌더니 엉덩이가 (   ).

153. 달리기 속도를 비교하면, 거북이가 토끼보다 훨씬 (   ).

154. 잠자리가 해바라기꽃 위에 (   ).

155. 오렌지와 귤은 비슷하게 생겼지만 맛이 (   ).

156. 오늘 아침 식사를 하지 않았더니 배가 (   ).

157. 식물의 반대말은 (   ).

158. 나는 열 살이고 너는 다섯 살이니, 네가 나보다 (   ).

159. 수학, 과학, 영어, 체육 모두 A+를 받는 철수는 똑똑한 (   ).

160. 이것은 의자이고, 저것은 (   ).

161. 소금을 짜고, 설탕은 (   ).

162. 학생여러분, 반갑다! 내 이름은 김현정이고, 나는 오늘부터 너희들을 가르칠 (   ).

163. 반갑습니다. 제 이름은 (   ).

164. 짜장면, 탕수육에 디저트까지 먹어서 (   ).

165. 동물원에서 가장 무서운 동물은 (   ).

166. 코끼리가 긴 코를 이용해서 과일을 (   ).

167. 친구들과 떠나는 여행은 언제나 (   ).

168. 기린이 하마보다 키가 훨씬 (   ).

169. 와! 종이 비행기가 정말 잘 (   ).

170. 수업을 많이 빠졌더니 숙제가 정말 (   ).

171. 타이타닉은 내가 가장 좋아하는 헐리우드 (   ).

172. 20cm짜리 막대기는 5cm짜리 막대기보다 길이가 (   ).

173. 의자가 높은 줄 알았는데 생각보다 많이 (   ).

174. 쌍둥이 형제는 얼굴이 (   ).

175. 공부를 많이 했더니 생각보다 시험 문제가 (   ).

176. 침팬지는 동물이고, 장미는 (   ).

177. 가을 하늘은 정말 (   ).

178. 너무 피곤해서 나도 모르게 (   ).

179. 태극기가 바람에 (   ).

180. 와! 치타가 정말 빠르게 (   ).

Clave de respuestas

101. 날씨가 <u>춥다</u>.
102. 영희가 청소를 <u>하고 있다</u>.
103. 강아지가 사료를 <u>먹고 있다</u>.
104. 나무가 매우 <u>크다</u>.
105. 기차가 정말로 <u>길다</u>.
106. 독감에 걸려 몸이 <u>아프다</u>.
107. 오늘은 정말 <u>졸리다</u>.
108. 아침부터 비가 <u>옵니다</u>.
109. 아기가 방긋 <u>웃고 있습니다</u>.
110. 제 친구들은 러시아 <u>사람입니다</u>.
111. 저 건물이 제가 다니는 <u>학교입니다</u>.
112. 여기가 바로 <u>광화문입니다</u>.
113. 어제부터 공부를 열심히 <u>하고 있다</u>.
114. 바람이 정말 차갑게 <u>분다</u>.
115. 운동을 많이 해서 몸이 <u>피곤하다</u>.
116. 종이를 접어서 예쁜 모양을 <u>만들었다</u>.
117. 인터넷이 <u>빠르다</u>.
118. 피아노 소리가 <u>아름답다</u>.
119. 바이올린 연습은 참 <u>어렵다</u>.
120. 오리와 닭은 생김새가 <u>다르다</u>.
121. 1
122. 1
123. 3
124. 2
125. 3
126. 3
127. 2
128. 3
129. 2
130. 1
131. 2
132. 3
133. 2
134. 3
135. 3
136. 2
137. 1
138. 2
139. 3
140. 3
141. 3
142. 2
143. 3
144. 2
145. 3
146. 2
147. 3
148. 1
149. 3
150. 3
151. 건물이다
152. 아프다
153. 느리다
154. 앉았다
155. 다르다
156. 고프다
157. 동물이다
158. 어리다
159. 학생이다
160. 책상입니다
161. 달다
162. 선생님이다
163. 이민수입니다
164. 배부르다
165. 호랑이다
166. 먹고 있다
167. 즐겁다
168. 크다
169. 날아간다
170. 많다
171. 영화다
172. 길다
173. 낮다
174. 똑같다
175. 쉽다
176. 식물이다
177. 높다
178. 잠들었다
179. 필러입니다
180. 달려간다

Categorice el siguiente conjunto de PREDICADOS a continuación.

아름답다	높다	먹다	공부하다	학생이다
최고다	배고프다	병원입니다		멋지다
달리다	높다	아프다		소년이다

1) Identifique un sujeto

2) Describa un movimiento

3) Describe una característica / condición

Haga un círculo alrededor del PREDICADO para completar las siguientes oraciones.

비행기는 매우   빠른   빨리   빠르다.

철수가 책을   조용히   큰   읽는다.

강아지가 정말   귀엽다.   다시   왜

제주도 풍경은   아름다운   아름답다.   한번

Practique escribiendo las siguientes oraciones y coloree la parte PREDICADO de la oración.

철수가 사탕을 먹는다 .

아기피부는 매우 부드럽다 .

피자는 정말 맛있다 .

의자에 앉아서 공부합니다 .

제 이름은 수지입니다 .

Seleccione un PREDICADO de la lista para completar las siguientes oraciones correctamente.

좋아합니다. 대학생입니다. 뛰어갑니다.

아픕니다. 김세호입니다. 무섭습니다.

제 이름은

저는

호랑이가 빠르게

저는 야구를

머리가 많이

좀비 영화는 정말

TIPOS DE ORACIONES
문장의 종류

Pregunta 180 - 230. Complete los espacios en blanco con los signos de puntuación apropiados (. /? /!).

181. 서울의 날씨는 어떤가요( )

182. 휴! 집이 이렇게 멀다니( )

183. 오늘은 일찍 자거라( )

184. 야구가 좋니, 축구가 좋니( )

185. 책을 많이 읽으면 두뇌 건강에 좋다( )

186. 당장 컴퓨터를 끄세요( )

187. 여기에 온 이유가 뭐니( )

188. 자리에 앉아도 될까요( )

189. 여기에 앉으세요( )

190. 와! 날씨가 이렇게 추울수가 ( )

191. 소금과 후추는 어디에 있나요 ( )

192. 밥을 먹었으니 이제 집에 갑시다 ( )

193. 시간이 늦었으니 이제 집에 가자 ( )

194. 어머! 정말 예쁜 드레스네 ( )

195. 오늘은 일찍 자야겠다. 내일 일찍 일어나야 하니까 ( )

196. 와! 시간 정말 빨리간다 ( )

197. 지금 몇시지 ( )

198. 이 책의 제목이 뭐였더라 ( )

199. 도서관에서는 조용히 하거라 ( )

200. 나도 게임 하면 안돼 ( )

201. 우유에는 칼슘이 많다 ( )

202. 와! 우리가 이겼다 ( )

203. 축구 경기는 몇시에 끝나나요( )

204. 문제를 듣고 정답을 적어보세요( )

205. 내가 여기에 온 이유가 뭐였지( )

206. 도둑이다! 도둑 잡아라( )

207. 오늘 저녁엔 무엇을 먹을까( )

208. 정말 덥다( )

209. 공부를 마치고 영화를 봐야겠다( )

210. 그동안 건강히 잘 지내셨나요( )

211. 저는 잘 지냈어요( )

212. 내일은 날씨가 맑을거래요( )

213. 지금 몇시나 되었나( )

214. 너 많이 배고프지( )

215. 내일은 뭐하지( )

216. 철수야! 학교에 늦겠다! 그만 자고 빨리 일어나( )

217. 자, 이제 밥을 먹어볼까( )

218. 왜냐면 너무 피곤하니까( )

219. 하느님 맙소사( )

220. 이제 집에 가자꾸나( )

221. 택시는 어디에서 타나요( )

222. 낚시는 정말 재미있네요( )

223. 사람들이 많아서 복잡하다( )

224. 음악 소리를 줄여주세요( )

225. 경찰이다! 꼼짝 마라( )

226. 차가 온다! 조심해라( )

227. 점심 잘 챙겨 먹었지( )

228. 오늘은 일찍 자야지( )

229. 도대체 이게 뭐야( )

230. 아니! 어떻게 이런 일이 있을 수가( )

Clave de respuestas

181. ?
182. !
183. . . / !
184. ?
185. . .
186. . . / !
187. ?
188. ?
189. . . / !
190. !
191. ?
192. . . / !
193. . . / !
194. !
195. . .
196. !
197. ?
198. ?
199. . . / !
200. ?
201. . .
202. !
203. ?
204. . .
205. ?
206. !
207. ?
208. !
209. . .
210. ?
211. . .
212. . .
213. ?
214. ?
215. ?
216. !
217. ?
218. . .
219. !
220. . . / !
221. ?
222. . . / !
223. . . / !
224. . . / !
225. !
226. !
227. ?
228. . .
229. ! / ?
230. !

Copie las siguientes oraciones según su tipo de oración.

가을에는 단풍이 아름답습니다.

내일 영화보러 갈까요?

티비를 꺼라.

자, 이제 밥을 먹자.

이렇게 아름다울수가!

1+1은 2입니다.

Explicando y describiendo:

Preguntar / Ofrecer:

Dominante:

Expresando:

Complete las siguientes oraciones insertando un signo de puntuación correcto (. /? /!) Y practique la escritura copiando las oraciones.

철수가 사탕을 먹나요

눈사람을 함께 만들까

백두산은 정말 높구나

라디오 소리를 줄여라

나는 배가 많이 고프다

Onomatopeya
의성어 / 의태어

Pregunta 231 - 270. Elija la onomatopeya más apropiada para completar las siguientes oraciones.

231. 강아지가 (   ) 짖는다.

A.보글보글 B.멍멍 C.쿵쿵 D.용용 E.터벅터벅

232. 오리가 (   ) 걸어간다.

A.깡총깡총 B.콩닥콩닥 C.으르렁 D.부르릉 E.뒤뚱뒤뚱

233. 참새가 (   ) 노래한다.

A.짹짹 B.야옹 C.꽈당 D.꿀꿀 E.삑삑

234. 자동차가 (   ) 하고 떠나갔다.

A.부르릉 B.깡총깡총 C.부들부들 D.키득키득 E.컹컹

235. 시원한 바람이 (   ) 불어왔다.

A.살랑살랑 B.후르륵 C.삐용삐용 D.따르릉 E.우당탕

236. 진우가 미끄러운 바닥에서 (   ) 넘어졌다.

A.꽈당 B.보글보글 C.맴맴 D.후다닥 E.느릿느릿

237. 갓난 아기가 (   ) 기어간다.

A.부들부들 B.깡총깡총 C.엉금엉금 D.화라락 E.가물가물

238. 방울을 (   ) 흔듭니다.

A.딸랑딸랑 B.키득키득 C.엉금엉금 D.깡총깡총 E.탁탁

239. 고양이가 (   ) 하고 웁니다.

A.쌩쌩 B.툭툭 C.컹컹 D.삐요 E.야옹

240. 감기에 걸려 (   ) 기침을 했다.

A.토닥토닥 B.콜록콜록 C.보글보글 D.드르륵 E. 쾅쾅

241. 발자국 소리가 나지 않게 (   ) 걸었다.

A.살금살금 B.뚜벅뚜벅 C.깡총깡총 D.터벅터벅 E.헐레벌떡

242. 갑자기 졸음이 몰려와서 (   ) 졸았다.

A.주룩주룩 B.꾸벅꾸벅 C.보글보글 D.사뿐사뿐 E.키득키득

243. 전화기가 (   ) 하고 울렸다.

A.따르릉 B.맴맴 C.콰르릉 D.휘리릭 E.삐약삐약

244. 병아리가 (   ) 하고 울었다.

A.삐약삐약 B.꽥꽥 C.뒤뚱뒤뚱 D.파닥파닥 E.쫘당

245. 목이 말라 물을 (   ) 마셨다.

A.살금살금 B.벌컥벌컥 C.쩝쩝 D.쾅쾅 E.휘리릭

246. 토끼가 (   ) 뛰어갑니다.

A.부들부들 B.쾅쾅 C.깡총깡총 D.펄럭펄럭 E.삐뽀삐뽀

247. 천둥이 (   ) 친다.

A.콰르릉 B.와장창 C.쨍그랑 D.우장창 E.달그락

248. 접시를 떨어뜨려 (   ) 하고 깨졌다.

A.땡그랑 B.딩동 C.쨍그랑 D.통통 E.탕탕

249. 경찰이 (   ) 하고 총을 발사했다.

A.통통 B.쿵쿵 C.탁탁 D.콩콩 E.탕탕

250. 김치찌개가 (   ) 끓기 시작했다.

A.보글보글 B.부글부글 C.하늘하늘 D.이글이글 E.후루룩

251. 세호가 순두부찌개를 (   ) 거리며 먹기 시작했다.

A.우당탕 B.쩝쩝 C.착착 D.칙칙 E.흔들흔들

252. 아기 돼지가 (   ) 거리며 밥을 달라고 한다.

A.음매 B.꽥꽥 C.꿀꿀 D.꼬끼오 E.왕왕

253. 개구리가 (   ) 뜁니다.

A.뚜벅뚜벅 B.콩콩 C.폴짝폴짝 D.부르릉 E.철썩철썩

254. 하늘에 구름이 (   ) 떠다닌다.

A.둥실둥실 B.엉금엉금 C.주룩주룩 D.쓱쓱 E.훨훨

255. 파도가 (   ) 친다.

A.철썩철썩 B.펄럭펄럭 C.사뿐사뿐 D.둥둥 E.꼬르륵

256. 회전의자를 (   ) 돌린다.

A.생글생글 B.빙글빙글 C.너풀너풀 D.하늘하늘 E.똑딱똑딱

257. 봄이 오니 꽃이 (   ) 피었다.

A.철썩 B.활짝 C.쫑긋 D.풍덩 E.휘휘

258. 방에 들어올 때는 (   ) 노크를 해라.

A.탕탕탕 B.톡톡톡 C.똑똑똑 D.콩콩콩 E.쾅쾅쾅

259. 세탁을 했더니 이불이 (   ) 하구나.

A.쌩쌩 B.통통 C.팡팡 D.뽀송뽀송 E.푸석푸석

260. 어린 아이가 넘어져서 (   ) 하고 울었다.

A.토닥토닥 B.키득키득 C.하하 D.꺄악 E.으앙

261. 갓난 아이가 (   ) 자고 있다.

A.콕콕 B.새근새근 C.두근두근 D.하하 E.냠냠

262. 무서운 영화를 보았더니 심장이 (   ) 뛴다.

A.키득키득 B.쌔액쌔액 C.통통 D.쏙쏙 E.두근두근

263. 하늘의 별들이 (   ) 빛난다.

A.따르릉 B.반짝반짝 C.울긋불긋 D.하늘하늘 E.깜빡깜빡

264. 지리산에 단풍이 (   ) 들었다.

A.울긋불긋 B.토실토실 C.느릿느릿 D.하늘하늘 E.살랑살랑

265. 젊은 여자가 구두를 신고 (   ) 걸었다.

A.토실토실 B.살랑살랑 C.토닥토닥 D.찰칵찰칵 E.또각또각

266. 친구들끼리 함께 모여서 사진을 (   ) 찍었다.

A.딩동 B.부들부들 C.들락날락 D.찰칵찰칵 E.사뿐사뿐

267. 화가 나서 몸이 (   ) 떨린다.

A.꼬르륵 B.듬성듬성 C.부들부들 D.비틀비틀 E.보글보글

268. 술에 취한 사람이 (   ) 걷는다.

A.나풀나풀 B.지글지글 C.보들보들 D.꼬불꼬불 E.비틀비틀

269. 후라이팬에 삼겹살을 (   ) 구워요.

A.들쑥날쑥 B.지글지글 C.휘리릭 D.토실토실 E.후두둑

270. 살찐 토끼 엉덩이가 (   ) 하다.

A.토실토실 B.토닥토닥 C.하늘하늘 D.살랑살랑 E.사뿐사뿐

Clave de respuestas

231. B
232. E
233. A
234. A
235. A
236. A
237. C
238. A
239. E
240. B
241. A
242. B
243. A
244. A
245. B
246. C
247. A
248. C
249. E
250. A
251. B
252. C
253. C
254. A
255. A
256. B
257. B
258. C
259. D
260. E
261. B
262. E
263. B
264. A
265. E
266. D
267. C
268. E
269. B
270. A

Conecte las siguientes imágenes con las palabras correctas.

토끼가 [   ] 뛰어갑니다.

● 보글보글

비가 [   ] 내립니다.

● 으르렁

수프가 [   ] 끓습니다.

● 깡충깡충

단풍이 [   ] 들었습니다.

● 울긋불긋

● 따르릉

호랑이가 [   ] 거립니다.

● 주룩주룩

전화가 [   ] 울립니다.

Clave de respuestas

토끼가 깡충깡충 뛰어갑니다.　비가 주룩주룩 내립니다.　수프가 보글보글 끓습니다.
단풍이 울긋불긋 들었습니다.　호랑이가 으르렁 거립니다.　전화가 따르릉 울립니다.

Practique escribiendo las siguientes oraciones y coloree la porción onomatopeya de la oración.

아기가 응애응애 운다 .

심장이 쿵쿵 뛰어요 .

비둘기가 파닥파닥 날개짓해요 .

키보드를 타닥타닥 쳐요 .

전투기가 슈웅슈웅 날아간다 .

Seleccione un escrito de la lista para completar las siguientes oraciones correctamente.

삐뽀삐뽀　　꽈당　　멍멍　　야옹야옹
꿀꺽꿀꺽　　찰칵찰칵　　쨍그랑

접시가 [　　　] 소리를 내면서 깨졌다.

앰뷸런스가 [　　　] 하고 빠르게 지나갔다.

사진을 [　　　] 찍어요.

목이 말라서 물을 [　　　] 마셨어요.

길이 미끄러워서 [　　　] 하고 넘어졌어요.

강아지는 [　　　], 고양이는 [　　　].

ADJETIVOS
형용사

Pregunta 271 - 320. Elija el adjetivo más apropiado para completar las siguientes oraciones.

271. (   ) 커피를 마시니 몸이 따뜻해졌다.

A.따뜻한 B.예쁜 C.잘생긴 D.미운 E.커다란

272. 독수리가 (   ) 날개를 흔듭니다.

A.귀여운 B.커다란 C.매콤한 D.달콤한 E.복잡한

273. 페르시안 카페트는 (   ) 문양이 특징이다.

A.순수한 B.홀가분한 C.복잡한 D.상냥한 E.힘센

274. 자동차가 (   ) 떠나갔다.

A.재밌게 B.신나게 C.기분좋게 D.달콤하게 E.빠르게

275. 요리가 정말 (   ) 만들어졌다.

A.맛있게 B.무섭게 C.친절하게 D.즐겁게 E.슬프게

276. 우리는 (   ) 영화를 봐서 기분이 좋았다.

A.뜨거운 B.매운 C.재밌는 D.작은 E.빠른

277. (   ) 하늘에는 구름이 한 점 없구나.

A.누런 B.빨간 C.파란 D.잘생긴 E.비참한

278. (　　　) 장미가 참 아름답구나.

A.달콤한　B.친한　C.상쾌한　D.빨간　E.네모난

279. (　　　) 사탕을 많이 먹으면 이가 썩는다.

A.달콤한　B.매콤한　C.즐거운　D.상냥한　E.아픈

280. 당신의 (　　　) 배려심에 감사합니다.

A.건강한　B.매력적인　C.상냥한　D.허황된　E.빠른

281. 너무 (　　　) 선물을 사주셔서 부담스럽네요.

A.추운　B.비싼　C.건전한　D.신비로운　E.급한

282. 강아지는 인간의 가장 (　　　) 친구다.

A.무서운　B.평범한　C.친한　D.두꺼운　E.높은

283. 백두산은 대한민국에서 가장 (　　　) 산입니다.

A.따가운　B.부드러운　C.네모난　D.높은　E.부족한

284. 아보카도는 영양이 (　　　) 식품입니다.

A.풍부한　B.부족한　C.하찮은　D.타고난　E.커다란

285. 우리 할머니는 (　　　) 이야기를 많이 알고계신다.

A.시끄러운　B.재미난　C.어지러운　D.추운　E.따스한

286. (　　　) 거인이 쿵쿵거리며 걸어갑니다.

A.부족한 B.낮은 C.미안한 D.거대한 E.거룩한

287. 성당은 (   ) 장소이다.

A.신성한 B.촘촘한 C.팽팽한 D.깊은 E.신나는

288. 과학으로도 설명하기 힘든 (   ) 현상이다.

A.지겨운 B.겁나는 C.진지한 D.신기한 E.평범한

289. 아무 특징도 없는, (   ) 제품입니다.

A.특별한 B.평범한 C.특이한 D.유사한 E.희귀한

290. 어린이의 (   ) 눈을 보면 마음이 편해진다.

A.순수한 B.미련한 C.어이없는 D.근심어린 E.매서운

291. 축구는 매우 (   ) 스포츠다.

A.격렬한 B.반가운 C.철저한 D.똑똑한 E.매콤한

292. 오랜만에 만난 친구의 얼굴에 (   ) 표정이 가득했다.

A.훌륭한 B.어지러운 C.배고픈 D.반가운 E.시끄러운

293. (   ) 소리에 놀라 잠에서 깼다.

A.맑은 B.부드러운 C.시끄러운 D.자유로운 E.해맑은

294. 겨울에는 (   ) 육개장이 최고야.

A.얼큰한 B.비릿한 C.어설픈 D.신랄한 E.안전한

295. 위험합니다! 모두 (   ) 곳으로 이동하세요.

A.안전한 B.위험한 C.가까운 D.따뜻한 E.추운

296. (   ) 자세로 오래 앉았더니 허리가 아프다.

A.유연한 B.부드러운 C.불편한 D.괜찮은 E.빈번한

297. (   ) 사막은 비가 내리지 않아 끔찍한 모습이었다.

A.매마른 B.질긴 C.쫄깃한 D.부드러운 E.추운

298. 어린이들의 (   ) 미소를 보면 행복해진다.

A.방탕한 B.경직된 C.착잡한 D.두려운 E.해맑은

299. 로보트는 (   ) 움직임이 특징이다.

A.나태한 B.즐거운 C.현명한 D.날카로운 E.경직된

300. 수미와 현수는 색깔이 (   ) 옷을 입었다.

A.거칠은 B.똑똑한 C.비슷한 D.가파른 E.높은

301. (   ) 포도가 참 맛있겠다.

A.싱싱한 B.생생한 C.미끄러운 D.매운 E.독한

302. 민수는 어제 밤에 (   ) 꿈을 꾸었다.

A.커다란 B.생생한 C.통통한 D.피곤한 E.날카로운

303. 과일을 깎을 때는 (   ) 칼을 조심해라.

A.느끼한 B.싱싱한 C.좋은 D.날카로운 E.침침한

304. 감옥에서 풀려난 죄수는 (   ) 삶을 살았다.

A.해로운 B.화가난 C.두려운 D.지곤한 E.자유로운

305. 모기와 파리는 인간에게 (   ) 벌레다.

A.의로운 B.이로운 C.해로운 D.미안한 E.유사한

306. 친구들이 모두 떠나간 후, 그는 (   ) 삶을 살았다.

A.빠듯한 B.추운 C.외로운 D.의로운 E.이로운

307. 옳은 일을 많이 하는 사람은 (   ) 사람이다.

A.힘찬 B.피곤한 C.연로한 D.괴로운 E.의로운

308. 영화배우가 (   ) 의상을 입고 시상식에 나타났다.

A.사악한 B.착한 C.싱싱한 D.희미한 E.화려한

309. 나는 부드러운 고기보다 (   ) 고기가 더 좋다.

A.질긴 B.동그란 C.둥그런 D.작은 E.커다란

310. 한국어는 정말 (   ) 언어야!

A.따가운 B.어려운 C.희망적인 D.습한 E.매끄러운

311. (   ) 시민들이 광장으로 모여들어 시위를 시작했다.

A.성난 B.행복한 C.궁금한 D.기괴한 E.어설픈

312. 10시간 동안 비행기를 타는 것은 정말 (   ) 경험이었다.

A.따가운 B.지루한 C.매서운 D.간지러운 E.취한

313. (   ) 사람은 살을 빼기 위해서 다이어트를 한다.

A.건강한 B.초라한 C.심심한 D.뚱뚱한 E.귀여운

314. (   ) 사람은 거짓말을 하지 않는다.

A.솔직한 B.유명한 C.무식한 D.유식한 E.유익한

315. 르네상스 시대의 (   ) 조각상을 보니 감탄이 나온다.

A.무모한 B.정교한 C.무딘 D.날카로운 E.두터운

316. 아프리카에서 가장 (   ) 동물은 사자다.

A.창백한 B.행복한 C.용맹한 D.미운 E.힘없는

317. (   ) 빙판길을 지날 때에는 조심히 걸어야 한다.

A.껄끄러운 B.반들반들한 C.미끄러운 D.사나운 E.형편없는

318. 어려운 문제들을 다 풀고 나니, (   ) 문제들만 남았네.

A.건방진 B.빠듯한 C.헐거운 D.나태한 E.쉬운

319. (   ) 몸매를 유지하려면 살찌는 음식을 먹지 말아야 한다.

A.날씬한 B.우스운 C.게으른 D.부지런한 E.희망찬

320. (   ) 표정을 하고 있는 환자들을 보니 마음이 아팠다.

A.괴로운 B.마른 C.우스운 D.가뿐한 E.은근한

A.괴로운 B.마른 C.우스운 D.가뿐한 E.은근한

Clave de respuestas

271. A
272. B
273. C
274. E
275. A
276. C
277. C
278. C
279. A
280. C
281. B
282. C
283. D
284. A
285. B
286. D
287. A
288. D
289. B
290. A
291. A
292. D
293. C
294. A
295. A
296. C
297. A
298. E
299. E
300. C
301. A
302. B
303. D
304. E
305. C
306. C
307. E
308. E
309. A
310. B
311. A
312. B
313. D
314. A
315. B
316. C
317. C
318. E
319. A
320. A

Identifique el tipo (que describe un sujeto / un objeto / un predicado) de las siguientes oraciones

1. 빨간 드레스가 아름답네요.

2. 우리는 재밌는 영화를 보았다.

3. 비행기가 빠르게 날아간다.

4. 커다란 곰이 고기를 먹는다.

5. 기차가 천천히 멈추었다.

6. 엄마가 맛있는 요리를 해주셨다.

Clave de respuestas

1. Sujeto 2. Objeto 3. Predicado 4. Sujeto 5. Predicado 6. Ojetot

Practique escribiendo las siguientes oraciones y coloree la parte del adjetivo de la oración.

하얀 눈사람을 만들어요 .

오늘은 늦게 일어났어요 .

재밌는 영화가 좋아 .

Clave de respuestas

하얀. 늦게. 재밌는.

Conecte los adjetivos que son opuestos en significado.

<table>
<tr><td>커다란</td><td>●</td><td>●</td><td>깨끗한</td></tr>
<tr><td>더러운</td><td>●</td><td>●</td><td>느리게</td></tr>
<tr><td>빠르게</td><td>●</td><td>●</td><td>적은</td></tr>
<tr><td>많은</td><td>●</td><td>●</td><td>빨리</td></tr>
<tr><td>높은</td><td>●</td><td>●</td><td>작은</td></tr>
<tr><td>천천히</td><td>●</td><td>●</td><td>낮은</td></tr>
</table>

Clave de respuestas

커다란 – 작은 / 더러운 – 깨끗한 / 빠르게 – 느리게 / 많은 – 적은 / 높은 – 낮은 / 천천히 – 느리게

Seleccione un adjetivo de la lista para completar correctamente las siguientes oraciones.

똑똑한　　좁은　　시원한
매운　　하얗게　　가깝게

제 옆으로 와서 ☐ 앉으세요.

☐ 철수가 수학 시험에서 A를 받았다.

☐ 골목길을 지나면 저희 집이 나와요.

추운 겨울에 눈이 ☐ 내렸어요.

선풍기에서 ☐ 바람이 불어와요.

떡볶이는 정말 ☐ 음식이에요.

HONORIFICOS
높임말/존대말

Pregunta 321 - 340. Elija los honoríficos más adecuados para completar las siguientes oraciones.

321. 아버지, 점심 (   ) 하셨어요?

A.까까 B.밥 C.냠냠 D.식사 E.먹기

322. 할아버지, 이쪽에 (   )

A.앉아라. B.앉을래? C.앉으세요. D.앉으렴. E.앉아봐.

323. 선생님, 많이 가르쳐 주셔서 (   ).

A.감사드린다 B.고맙구나 C.감사합니다 D.고맙네 E.감사해

324. 의사 선생님, 저는 감기에 걸려서 머리가 (   ).

A.아픕니다 B.아프네 C.아픈데 D.아프다 E.아프구나

325. 할머니, (   ) 잡수셨어요?

A.먹이 B.진지 C.먹을 것 D.밥 E.아침밥

326. 죄송하지만 젓가락 좀 (   )

A.가져와. B.주거라. C.주시겠니? D.주시겠어요? E.내놓을래?

327.할아버지 (   )에 가서 인사드려야지.

A.먹는 곳 B.사는 곳 C.있는 곳 D.집 E.댁

328. 김 선생님께서는 저쪽에 (   )

A.있지. B.있지? C.계십니다. D.있다. E.있습니다.

329. 내가 선생님께 (   ).

A.물어볼게 B.여쭤볼게 C.말할게 D.물을게 E.말해볼게

330. 아버지께 선물을 (   ).

A.줬다 B.줘라 C.드려라 D.건네라 E.주거라

331. 어머니, 용돈 좀 (   )

A.주세요. B.줘라. C.줘. D.드려요. E.드려.

332. 선생님, 이 책 읽어 (   )

A.봤냐? B.보았어? C.보셨어요? D.봤지? E.봤겠지?

333. 할아버지, 안녕히 (   )

A.잤지요? B.자셨어요? C.잤죠? D.주무셨어요? E.잤어요?

334. 기사 아저씨, 이번 정류장에 (   )

A.내려주세요. B.내려주라. C.내려주렴. D.내려주겠니. E.내린다.

335. 어서들 오셔서 식사 (   )

A.해 B.하거라 C.하렴 D.하세요 E.하셔라

336. 어르신, 서두르지 마시고 천천히 (   ).

A.오세요 B.오렴 C.와요 D.오시렴 E.와라

337. 신사 숙녀 여러분, 모두 자리에서 (   ).

A.일어나거라 B.일어나시라 C.일어나십시오 D.일어나시오 E.일어나

338. 할아버지, 하루에 한 번, 식사 후에 (   )

A.먹어라 B.드시라 C.드세요 D.먹으세요 E.드셔라

339. 아버지, 친구랑 비디오 게임을 해도 (   )

A.돼? B.될까? C.될까요? D.되겠지? E.되지?

340. 손님 여러분, 빨리 짐을 (   ).

A.챙기자 B.챙기세요 C.챙기거라 D.챙겨 E.챙겨라

Pregunta 341 - 400. Corrija las partes subrayadas con los honoríficos mal utilizados en una forma normal.

341. 철수가 밥을 <u>드신다</u>.

342. 선생님! <u>제가</u> 문제를 <u>푸시겠습니다</u>.

343. 내가 제일 먼저 집에 <u>오셨다</u>.

344. 내 동생이 열심히 운동을 하고 <u>계시다</u>.

345. 예쁜 여자 아이가 <u>태어나셨다</u>.

346. 나는 다리가 아파서 자리에 <u>앉으셨다</u>.

347. 할아버지, <u>내가</u> 해드릴게요.

348. 할아버지<u>에게</u> 선물을 드렸다.

349. 선생님<u>의</u> 나에게 숙제를 내주셨다.

350. 페르시안 카페트는 정교한 문양이 특징<u>이십니다</u>.

351. 자동차<u>께서</u> 빠르게 <u>떠나가셨다</u>.

352. 요리가 정말 맛있게 <u>만들어지셨다</u>.

353. 우리는 재밌는 영화를 <u>보셔서</u> 기분<u>께서</u> 좋았다.

354. <u>따뜻하신</u> 커피를 마시니 몸<u>께서</u> <u>따뜻해지셨다</u>.

355. 독수리가 커다란 날개를 <u>흔드십니다</u>.

356. 햄버거와 피자는 패스트푸드<u>이십니다</u>.

357. 강아지<u>께서</u> 꼬리를 <u>흔드십니다</u>.

358. 호랑이가 고기를 <u>드십니다</u>.

359. 무지개에는 일곱 색깔이 <u>있으십니다</u>.

360. 나는 배가 <u>고프시다</u>.

Pregunta 361 - 370. Convierta las siguientes oraciones en una forma honorífica.

361. 어머니가 나에게 용돈을 주었다.

362. 할머니와 할아버지가 밥을 먹는다.

363. 아버지가 강아지에게 먹이를 준다.

364. 선생님이 나를 칭찬 해줬다.

365. 할아버지가 의자에 앉아있다.

366. 삼촌이 나와 놀아줬다.

367. 내 이름은 박민호다.

368. 고모부가 티비를 본다.

369. 외삼촌이 농구를 한다.

370. 이모가 요리를 하고 있다.

Clave de respuestas

321. D
322. C
323. C
324. A
325. B
326. D
327. E
328. C
329. B
330. C
331. A
332. C
333. D
334. A
335. D
336. A
337. C
338. C
339. C
340. B
341. 드신다 – 먹는다
342. 푸시겠습니다 – 풀겠습니다
343. 오셨다 – 왔다
344. 계시다 – 있다
345. 태어나셨다 – 태어났다
346. 앉으셨다 – 앉았다
347. 내가 – 제가
348. 할아버지에게 – 할아버지께
349. 선생님이 – 선생님께서
350. 특징이십니다 – 특징이다
351. 자동차께서 – 자동차가 , 떠나가셨다 – 떠나갔다
352. 만들어지셨다 – 만들었다
353. 보셔서 – 봐서 , 기분께서 – 기분이
354. 따뜻하신 – 따뜻한 , 몸께서 – 몸이 , 따뜻해지셨다 – 따
뜻해졌다
355. 흔드습니다 – 흔듭니다
356. 패스트푸드이십니다 – 패스트푸드입니다
357. 강아지께서 – 강아지가 , 흔드십니다 – 흔듭니다
358. 드십니다 – 먹습니다
359. 있으십니다 – 있습니다
360. 고프시다 – 고프다
361. 어머니께서 나에게 용돈을 주셨다.
362. 할머니니와 할머니께서 진지를 잡수신다 (식사를 드
신다).
363. 아버지께서 강아지에게 먹이를 주신다.
364. 선생님께서 나를 칭찬 해주셨다.
365. 할아버지께서 의자에 앉아계시다.
366. 삼촌께서 나와 놀아주셨다.
367. 제 이름은 박민호입니다.
368. 고모부께서 티비를 보신다.
369. 외삼촌께서 농구를 하신다.
370. 이모께서 요리를 하고 계시다.

Seleccione un honorífico de la lista para completar correctamente las siguientes oraciones.

댁에　　께서　　드세요

드렸다　　앉으세요　　보셨나요

다리 아프실텐데 여기에 [　　　] .
___

할아버지 [　　　] 가서 저녁을 먹고 왔다.
___

어머니 [　　　] 요리를 해 주셨다.
___

선생님! 이 영화 [　　　] ?
___

할머니, 국이 뜨거우니 천천히 [　　　] .
___

어머니께 선물을 [　　　] .
___

Conecte las palabras normales con las formas honoríficas correctas.

밥 ●	● 연세
나이 ●	● 잡수시다
나 ●	● 여쭙다
먹다 ●	● 생신
묻다 ●	● 진지
생일 ●	● 저

PASADO / PRESENTE / FUTURO
시간의 표현

Pregunta 371 - 390. Elija la expresión más adecuada para completar las siguientes oraciones.

371. 동훈아, 내일 뭐 (　　　　)

A.먹고 있어?　B.먹었어?　C.먹고 있니?　D.먹을 거니?　E.먹는구나?

372. 어제는 날씨가 매우 (　　　　)

A.춥겠지?　B.춥구나.　C.추웠다.　D.추울 것 같다.　E.춥다.

373. 나는 지금 공부를 (　　　　)

A.하고 있어.　B.했었어.　C.했다.　D.하고 있었다.　E.하자.

374. 내년 겨울에는 하와이로 (　　　　)

A.여행가자.　B.여행했어?　C.여행하고 있다.　D.여행했다.　E.여행 중이다.

375. 영희는 지금 학교에 (　　　　)

A.갔다.　B.갔었다.　C.가고 있었다.　D.가고 있다.　E.갔었지?

376. 어제 먹은 불고기는 정말 (　　　　)

A.맛있었다.　B.맛있다.　C.맛있겠지?　D.맛있겠다.　E.맛있지?

377. 내일 1시까지 그 곳으로 (　　　　)

A.갔어.　B.갈게.　C.가고 있어.　D.가고 있습니다.　E.갔었다.

378. 3일 전에, 예쁜 강아지 5마리가 (   )

A.태어난다. B.태어납니다. C.태어나셨다. D.태어났다. E.태어나고 있었다.

379. 철수는 지금 배가 너무 고파서 혼자서 밥을 (   )

A.먹습니까? B.먹었을까? C.먹었었습니다. D.먹고 있습니다. E.먹었습니다.

380. 지난 여름은 정말 더웠다. 내년 겨울은 (   )

A.추울까? B.추웠다. C.추웠었어? D.추운 중이다. E.추웠지?

381. 어제 본 영화는 정말 (   )

A.무섭겠지? B.무서울까? C.무섭겠다. D.무섭다. E.무서웠다.

382. 2060년에는 얼마나 멋진 테크놀로지가 (   )

A.생길까? B.생겼네. C.생겼었지? D.생겼다. E.생기고 있을까?

383. 내일 우리가 (   ) 장소는 어디인가요?

A.만났던 B.만난 C. D.식사 E.만날

384. 저는 커서 과학자가 되고 (   )

A.싶습니다. B.싶다. C.싶었다. D.싶을까? E.싶네.

385. 우리 내일은 무엇을 (   )

A.한다. B.할까? C.하자. D.하네. E.했지?

386. 내일은 비가 그치고 바람이 많이 (   )

A.불었다.　B.불고 있다.　C.불겠습니다.　D.부는 중이다.　E.불었었다.

387. 어제는 비가 하루종일 (　　　　)

A.내릴 예정이다.　B.내릴 것이다.　C.내린다.　D.내렸다.　E.내리고 있었다.

388. 내일 저녁에는 맛있는 불고기를 (　　　　)

A.먹어야지.　B.먹었다.　C.먹었지?　D.먹었니?　E.먹고 있다.

389. 내일부터 열심히 운동을 (　　　　)

A.했었다.　B.했다.　C.한다.　D.하겠다.　E.하고 있다.

390. 5년 전 오늘, 나는 이곳에서 공부를 (　　　　)

A.하다.　B.한다.　C.했다.　D.하렴.　E.하지.

Pregunta 391 - 400. Elija la respuesta más adecuada para completar los espacios en blanco.

391. A: 내일 아침에 뭐 할 거야?
　　　B: 일찍 일어나서 공부 (　　　　)

A.했어.　B.했었지.　C.해야지.　D.하고 있어.　E.했습니다.

392. A: 축구 경기 벌써 끝났어?
　　　B: 응. 우리나라가 3:1로 (　　　　)

A.이기고 있어.　B.이긴다.　C.이길거야!　D.이겼어.　E.이길 것 같아.

393. A: 한국에서 뭐하고 있어?
　　　B: 교환학생으로 와서 (　　　　)

A.공부할 거야.　B.공부했어.　C.공부하고 있어　D.공부했지.　E.공부하고 있었어.

394. A: 너는 생일이 언제야?
　　 B: 나는 3월 11일에 (　　　)

A.태어나지.　B.태어났어.　C.태어날거야.　D.태어났어?　E.태어나고 있다.

395. A: 크리스마스에 뭐할까?
　　 B: 가족과 함께 식사 (　　　)

A.했어.　B.했었지.　C.하려고.　D.하고 있지.　E.하고 있어.

396. A: 요즘 어떻게 지내고 있니?
　　 B: 열심히 아르바이트 하면서 (　　　)

A.살고 있어.　B.살았지.　C.살자.　D.살거야.　E.살겠어.

397. A: 내년이면 네가 몇 살이지?
　　 B: 저는 23살이 (　　　)

A.되었다.　B.되고 있다.　C.됩니다.　D.되는 중입니다.　E.될 거야.

398. A: 학교에 언제 가니?
　　 B: 30분 후에 (　　　)

A.가고 있네.　B.가고 있어.　C.갈 거야　D.가는 중이야.　E.갔지.

399. A: 지금 어디쯤이야?
　　 B: 강남대로를 방금 전에 막 (　　　)

A.지나고 있어.　B.지날 거야.　C.지났어.　D.지나는 중이야.　E.지나게 될거야.

400. A: 케이팝 콘서트가 언제지?
　　 B: 케이팝 콘서트는 이미 지난주에 (　　　)

A.열릴 거야.　B.열렸지.　C.열릴까?　D.열릴 예정이야.　E.열린데.

Clave de respuestas

371. D
372. C
373. A
374. A
375. D
376. A
377. B
378. D
379. D
380. A
381. E
382. A
383. E
384. A
385. B
386. C
387. D
388. A
389. D
390. C
391. C
392. D
393. C
394. B
395. C
396. A
397. C
398. C
399. A
400. B

Conecte las siguientes oraciones con la forma de tiempo correcta.

친구와 밥을 먹고 있다.   ●

공부를 열심히 했다.   ●

        ●   Ya Sucedió

학교에 가고 있다.   ●

        ●   Sucediendo Ahora

친구와 영화를 볼 것이다.   ●

        ●   Va a Suceder

눈이 많이 내렸다.   ●

30분 후에 집에 갈거야.   ●

Seleccione una expresión de la lista para completar las siguientes oraciones correctamente.

> 지금   어제   내일
> 3일 전에   5년 후에   방금

[ ] 밤에 친구네 집에서 잤다.

[ ] 읽고 있는 책의 제목이 뭐니?

[ ] 아침 9시에는 일어나야 한다.

[ ] 막 학교에 도착했어요.

[ ] 우리가 갔던 레스토랑 이름이 뭐였지?

[ ] 나는 어떤 모습일까?

ORTOGRAFÍA
철자법

Pregunta 400 - 469. Encierra en un círculo la palabra correcta que coincida con la definición.

401.

detener

막다   맑다

404.

alcanzar

닷다   닿다

407.

amarillo

노랗다   노랏다

402.

cómo

어떳게   어떻게

405.

qué

무엇   무얼

408.

maduro

익다   있다

403.

sentar

앉다   않다

406.

leer

읽다   익다

409.

cubrir

덮다   덥다

410.

bajo

낮은 | 낳은

411.

deuda

빚 | 빗

412.

a cuestas

없다 | 업다

413.

correcto

맞다 | 맡다

414.

olvidar

잊다 | 있다

415.

hielo

어른 | 얼음

416.

volcar

엎다 | 없다

417.

oler

맡다 | 맞다

418.

luz

빛 | 빗

419.

sueño

꿈 | 꿀

420.

conectar

잇다 | 있다

421.

apilar

쌓다 | 싸다

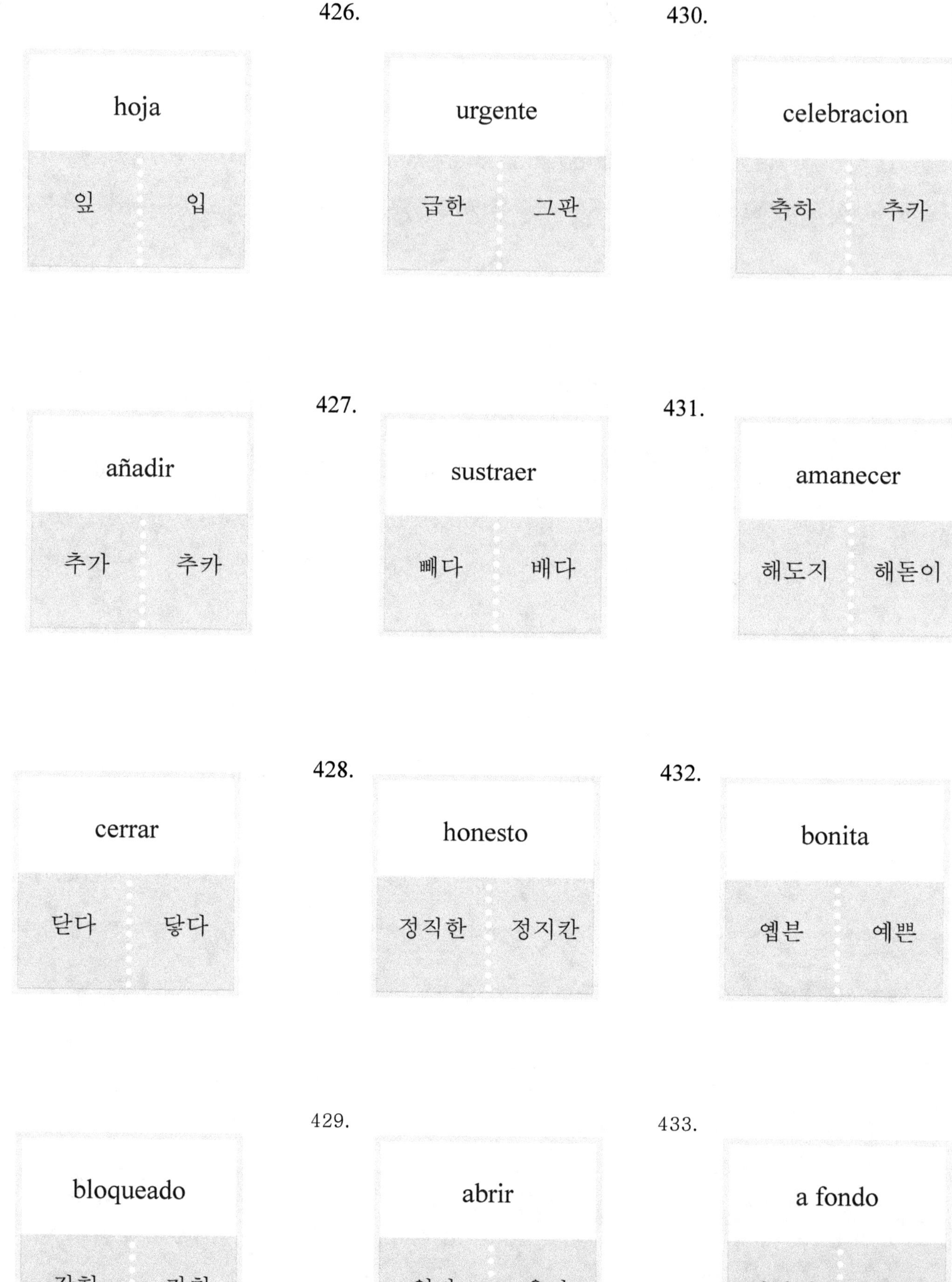

422. hoja

잎 　 입

423. añadir

추가 　 추카

424. cerrar

닫다 　 닿다

425. bloqueado

갇힌 　 가친

426. urgente

급한 　 그판

427. sustraer

빼다 　 배다

428. honesto

정직한 　 정지칸

429. abrir

열다 　 욜다

430. celebracion

축하 　 추카

431. amanecer

해도지 　 해돋이

432. bonita

옙븐 　 예쁜

433. a fondo

샅샅이 　 삿사치

434. rápido

바른 | 빠른

435. amplio

넓다 | 높다

436. encontrar

찾다 | 찾다

437. empresa

회사 | 회사

438. día

낮 | 낮

439. flaco

마른 | 무른

440. rodilla

무릎 | 무릅

441. sonar

소리 | 서리

442. delgado

얇다 | 얕다

443. llenar

세우다 | 채우다

444. cazuela

찌개 | 찌게

445. pescado

물고기 | 물꼬기

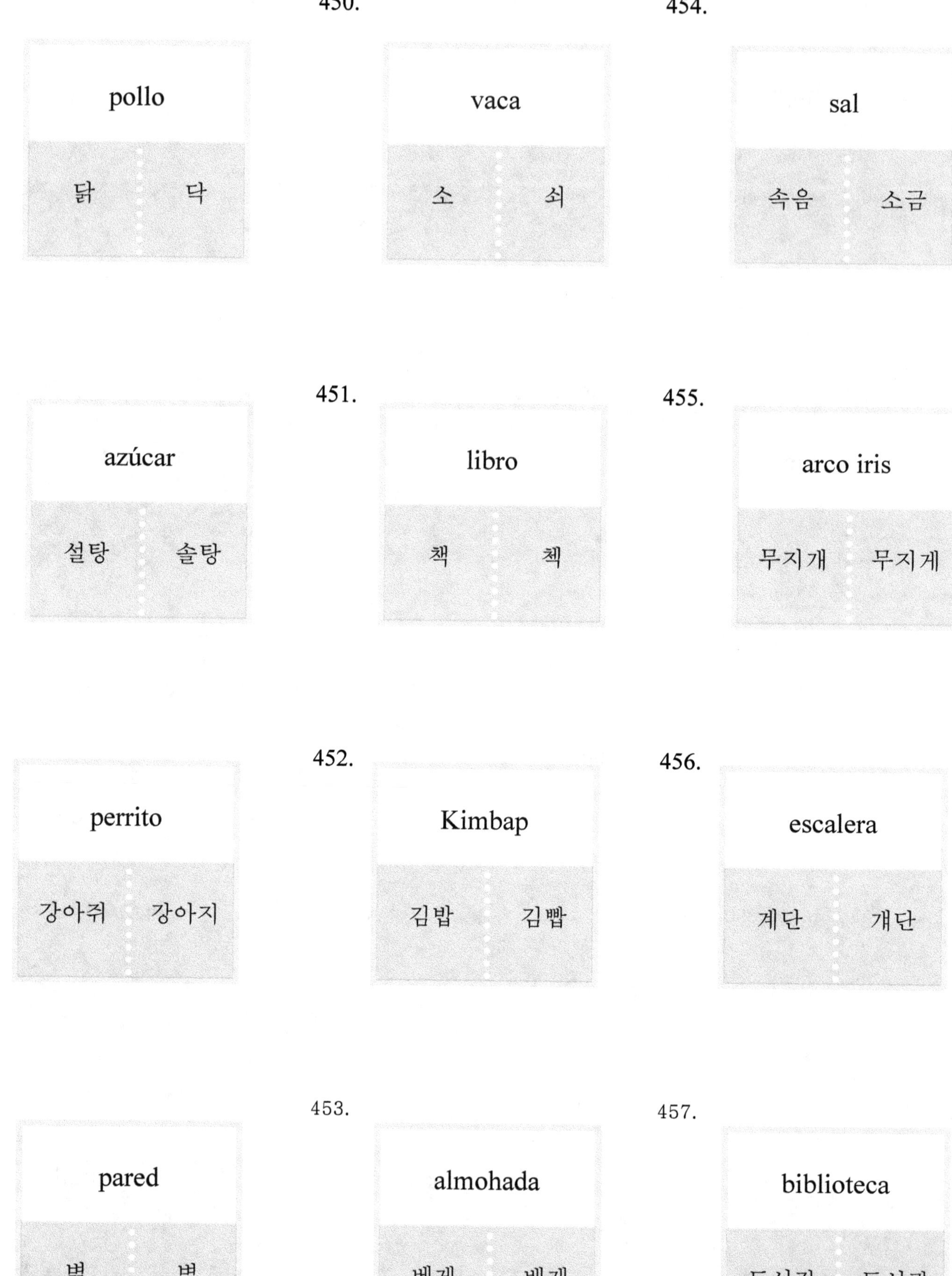

446. pollo
닭 | 닥

447. azúcar
설탕 | 솔탕

448. perrito
강아줘 | 강아지

449. pared
벼 | 벽

450. vaca
소 | 쇠

451. libro
책 | 쳌

452. Kimbap
김밥 | 김빱

453. almohada
베게 | 배개

454. sal
속음 | 소금

455. arco iris
무지개 | 무지게

456. escalera
계단 | 개단

457. biblioteca
도서간 | 도서관

458. estómago

배 　 베

459. cangrejo

게 　 개

460. mariposa

나비 　 납이

461. escritorio

책상 　 책쌍

462. colegio

학교 　 하꾜

463. abuela

할머니 　 할먼이

464. libélula

잠자리 　 잠잘이

465. silla

의자 　 으자

466. canción

노래 　 노레

467. el muñeco de nieve

눈사람 　 눈싸람

468. tortuga

거북이 　 고북이

469. cuchara

숟가락 　 순가락

Pregunta 470 - 500. Encuentra y corrige las palabras mal escritas en las siguientes oraciones.

470. 땀을 많이 흘렸으니까 모곡을 해야겠다.

471. 아거가 큰 입을 벌리고 먹이를 먹고 있다.

472. 하라버지께 어름물을 갖다 드렸다.

473. 제 일음은 김철수입니다.

474. 노리터에 아이들이 많이 있구나.

475. 책쌍에 앉아서 김빱을 먹었다.

476. 복도에서 뛰다가 너머졌다.

477. 버스 안에서는 손자비를 꼭 잡아요.

478. 강아쥐가 멍멍 짖습니다.

479. 와! 우리가 3:1로 승니했다!.

480. 동물의 반대말은 싱물이다.

481. 손까락에 반지를 꼈다.

482. 도서간에 책이 참 만타.

483. 저의 꿈은 대통령이 되는 것 임니다.

484. 밥을 마니 머거서 배가 부르다.

485. 언니랑 옵빠랑 소풍 가야지.

486. 하늘에 구름이 하나도 없이 참 막다.

487. 운동을 열씨미 하면 건강에 조타.

488. 비누로 손을 깨끄시 씻고 밥을 머거라.

489. 뭐 잼있는 일 없을까?

490. 학교에서는 선셍님 말씀을 잘 드러라.

491. 피료하신게 있으시면 알려주세요.

492. 저녁 8시에서 10시 사이에 열락주세요.

493. 며칠동안 푹 쉬었더니 감기가 낳았다.

494. 내일부터 일찍 이러나야지.

495. 자리에 안자서 밥을 머겄다.

496. 저는 여덜 살입니다.

497. 다섯, 여섯, 일곱

498. 동생이 귀찬게 해서 짜증이 났다.

499. 지갑에 돈이 하나도 엎다.

500. 지갑을 일어버렸어요!

Clave de respuestas

401. 막다
402. 어떻게
403. 앉다
404. 닿다
405. 무엇
406. 읽다
407. 노랗다
408. 익다
409. 덮다
410. 낮은
411. 빛
412. 업다
413. 맞다
414. 잊다
415. 얼음
416. 엎다
417. 맡다
418. 빛
419. 꿈
420. 잇다
421. 쌓다
422. 잎
423. 추가
424. 닫다
425. 갇힌
426. 급한
427. 빼다
428. 정직한
429. 열다
430. 축하
431. 해돋이
432. 예쁜
433. 샅샅이
434. 빠른
435. 넓다
436. 찾다
437. 회사
438. 낮
439. 마른
440. 무릎
441. 소리
442. 얇다
443. 채우다
444. 찌개
445. 물고기
446. 닭
447. 설탕
448. 강아지
449. 벽
450. 소
451. 책
452. 김밥
453. 베개
454. 소금
455. 무지개

456. 계단
457. 도서관
458. 배
459. 게
460. 나비
461. 책상
462. 학교
463. 할머니
464. 잠자리
465. 의자
466. 노래
467. 눈사람
468. 거북이
469. 숟가락
470. 모굑 – 목욕
471. 아거 – 악어
472. 하라버지 – 알아버지 , 어릅물 – 얼음물
473. 일음 – 이름
474. 노리터 – 놀이터
475. 책쌍 – 책상 , 김빱 – 김밥
476. 너머졌다 – 넘어졌다
477. 손자비 – 손잡이
478. 강아쥐 – 강아지
479. 승니 – 승리
480. 싱물 – 식물
481. 손까락– 손가락
482. 도서간 – 도서관 , 만타 – 많다
483. 임니다 – 입니다
484. 머거서 – 먹어서
485. 옵빠 – 오빠
486. 막다 – 맑다
487. 열씨미 – 열심히 , 조타 – 좋다
488. 깨끄시 – 깨끗이 , 머거라 – 먹어라
489. 잼있는 – 재밌는
490. 드러라 – 들어라
491. 피료 – 필요
492. 열락 – 연락
493. 낳았다 – 나았다
494. 이러나야지 – 일어나야지
495. 안자서 – 앉아서 , 머겄다 – 먹었다
496. 여덜 – 여덟
497. 일곰 – 일곱
498. 귀찬게 – 귀찮게
499. 엎다 – 없다
500. 일어버렸어요 – 잃어버렸어요

Seleccione un honorífico de la lista para completar correctamente las siguientes oraciones.

댁에   께서   드세요

드렸다   앉으세요   보셨나요

다리 아프실 텐데 여기에 ☐ .

할아버지 ☐ 가서 저녁을 먹고 왔다.

어머니 ☐ 요리를 해 주셨다.

선생님! 이 영화 ☐ ?

할머니, 국이 뜨거우니 천천히 ☐ .

어머니께 선물을 ☐ .

Conecte las palabras normales con las formas honoríficas correctas.

밥 ●   ● 연세

나이 ●   ● 잡수시다

나 ●   ● 여쭙다

먹다 ●   ● 생신

묻다 ●   ● 진지

생일 ●   ● 저

COMPRENSIÓN LECTORA
(독해)

Pregunta 501 - 510. Lee el siguiente pasaje y responde las preguntas.

오늘은 규호의 열번째 생일입니다. 아침에는 어머니께서 만들어 주신 미역국을 먹었습니다. 점심에는 학교에 가서 친구들과 햄버거를 먹었습니다. 저녁에는 가족들과 함께 패밀리 레스토랑에 가서 치킨을 먹고 케이크도 먹었습니다. 가족들과 함께 생일축하 노래를 불렀습니다. 어머니께서는 규호에게 로보트 장난감을, 아버지께서는 미니 자동차를 선물 해 주셨습니다. 여동생 미나는 오빠 규호에게 예쁜 카드를 써주었습니다. 미나는 규호보다 네살이 어립니다. 집에 돌아와서 가족들과 함께 영화를 보았습니다. 영화를 보고 강아지 맥스와 함께 놀다가 저녁 열한시가 되어서 잠을 잤습니다. 오늘 하루는 규호에게 매우 특별한 날이었습니다. 규호의 얼굴에 미소가 가득했습니다. 규호는 즐거운 꿈을 꾸며 깊은 잠에 빠졌습니다. 참 행복한 하루였습니다.

501. Basado en el pasaje, hoy es ...

A. Cumpleaños de 규호 B. Primer día en el colegio C. Recital D. El cumpleaños de mamá E. Cumpleaños del perro

502. Basado en el pasaje, ¿qué edad tiene 규호?

A.4 B.9 C.10 D.11 E.20

503. Basado en el pasaje, ¿qué edad tiene 미나, la hermana de 규호?

A.4 B.6 C.10 D.11 E.20

504. Basado en el pasaje, ¿qué tuvo 규호 para almorzar?

A. Kimbap B. Hamburguesa C. Pancho D. Sopa de fideos E. Pizza

505. Basado en el pasaje, hoy es 규호 tiene una mascota ...

A. Perro B. Gato C. Iguana D. Loro E. Hámster

506. Basado en el pasaje, ¿qué obtuvo 규호 de su madre como regalo?

A. Camiseta B. Bate de Béisbol C. Coche D. Robots de juguete E. Dinero

507. Basado en el pasaje, ¿qué hizo 규호 después de la cena?

A. Estudió B. Lee un libro C. Tomé una siesta D. Jugado fútbol E. Miró una película

508. Basado en el pasaje, ¿qué obtuvo 규호 de su hermana como regalo?

A. Tarjeta de cumpleaños B. Monedero C. Anillo D. Zapatos E. Caramelo

509. Basado en el pasaje, ¿a qué hora se fue a la cama 규호?

A. 4 B. 6 C. 10 D. 11 E. Medianoche

510. Basado en el pasaje, ¿cómo se siente 규호?

A. Enojado B. Feliz C. Rechazado D. Decepcionado E. Triste

Pregunta 511 - 520. Lee el siguiente pasaje y responde las preguntas.

고등학교 2학년인 수미는 수학을 가장 좋아합니다. 수미의 반에는 모두 오십이 명의 학생이 있는데, 수미는 지난 시험에서 사 등을 차지했습니다. 수미는 공부를 하는 것을 즐기지는 않지만, 머리가 좋아 조금만 공부해도 좋은 성적이 나옵니다. 수미는 체육도 좋아합니다. 수미가 가장 좋아하는 체육은 배구입니다. 수미는 키가 크고 운동을 잘하기 때문에 학교 대표로도 활약합니다. 수미의 꿈은 수학 박사가 되는 것입니다. 그래서 언제나 수학 문제를 많이 풀고 연습합니다. 학교에서 돌아오면 저녁 일곱 시가 됩니다. 가족과 함께 저녁을 먹고, 한강에 나가서 산책합니다. 집으로 돌아와 샤워하고, 소설 책을 읽고 잠을 잡니다.

511. Basado en el pasaje, 수미 es un (una) ...

A. Estudiante de secundaria B. Estudiante de secundaria C. Artista D. Pianista E. Esposa de la casa

512. Basado en el pasaje, ¿a qué tema le gusta más a 수미?

A. Historia B. Arte C. Inglés D. Química E. Matemáticas

513. Según el pasaje, ¿cuántos estudiantes hay en la clase de 수미?

A. Doce B. Veinte C. Treinta y dos D. Cuarenta y cinco E. Cincuenta y dos

514. Basado en el pasaje, ¿le gusta a 수미 estudiar?

A. Sí B. No

515. Basado en el pasaje, ¿a qué asignatura además de las matemáticas le gusta a 수미?

A. Música B. Español C. Coreano D. Química E. Educación física

516. Basado en el pasaje, ¿qué quiere ser 수미 cuando crezca?

A. Doctorado en Matemáticas B. Ingeniera C. La programadora D. La voleibolista E. Pianista

517. Según el pasaje, ¿a qué hora regresa 수미 de la escuela?

A.4 B.5 C.7 D.8 E.9

518. Basado en el pasaje, ¿con quién cena 수미?

A. Padre B. Amigos C. Familiares D. Compañeros de Clase E. Familia

519. Basado en el pasaje, ¿qué hace 수미 después de la cena?

A. Dar un paseo en el río Han B. Descansar C. Dormir D. Practicar el voleibol E. Ver un drama televisivo

520. Basado en el pasaje, ¿qué hace 수미 justo antes de acostarse?

A. Beber cerveza B. Leer una novela C. Navegar por Internet D. Meditar E. Cantar una canción

Pregunta 521 - 530. Lee el siguiente pasaje y responde las preguntas.

시월 구일 한글날은 대한민국의 국경일입니다. 한글은 조선 시대의 임금인 세종대왕께서 만드신 글자입니다. 한글이 만들어지기 전에는 중국의 한자를 사용했지만, 배우기가 어려워 사람들이 많은 불편을 겪었습니다. 한글은 매우 과학적인 글자로써, 배우기가 쉽습니다. 많은 외국인이 한글을 공부하고 있습니다. 한국어에 대한 관심이 커지고 있기 때문에 더욱 많은 사람이 한글을 공부할 것으로 예상합니다. 한글은 자음과 모음으로 구성되어 있는데, 규칙을 알면 자유롭게 사용할 수 있어 편리합니다. 한글의 가장 큰 장점은 소리를 표현하는 글자라는 것입니다. 한국어 발음은 물론, 다른 언어의 발음 또한 자유롭게 표현할 수 있습니다.

521. Según el pasaje, ¿cuándo es 한글날?

A. 9 de abril B. 9 de julio C. Cada 9no día del mes D. 9 de octubre E. 9 de diciembre

522. Basado en el pasaje, ¿quién hizo 한글?

A. Rey Gojong B. Rey Joseon C. Rey Imgum D. Rey Sejong E. Reina Sejong

523. Basado en el pasaje, 한글 es ...

A. Letras B. Números C. Pronunciaciones D. Idioma E. Pintura

524. Según el pasaje, ¿qué usaban las personas antes de que 한글 se inventara?

A. Caracteres japoneses B. Caracteres chinos C. Alfabeto latino D. Caracteres mudoles E. Cartas hebreas

525. Basado en el pasaje, el autor afirma que 한글 es ...

A. Científico B. Romántico C. Complicado D. Unilateral E. Prohibido

526. Según el pasaje, es difícil para los extranjeros aprender 한글.

A. Verdadero B. Falso

527. Con base en el pasaje, el autor espera que menos personas estén estudiando 한글 debido a su complejidad.

A. Verdadero B. Falso

528. Basado en el pasaje, 한글 está compuesto de ...

A. Sustantivo y verbos B. Vocales y consonantes C. Números y letras D. Sustantivos y correlativos E. Sonidos e imágenes

529. Basado en el pasaje, la mayor ventaja de 한글 es que expresa ...

A. Sonidos B. Significados C. Símbolos D. Ideas E. Emociones

530. Basado en el pasaje, a pesar de muchas ventajas, 한글 es incapaz de expresar las pronunciaciones de otros idiomas.

A. Verdadero B. Falso

Clave de respuestas

521.C 522.D 523.A 524.B 525.A 526.B 527.B 528.B 529.A 530.B

Pregunta 531 - 540. Lee el siguiente pasaje y responde las preguntas.

유산소 운동은 건강을 유지하는 데 있어서 매우 효과적인 방법입니다. 전문가들은 일주일에 최소한 두 번 이상 이십 분 이상 땀이 날 정도로 달리기를 하는 것이 이상적이라고 말합니다. 유산소 운동을 하면 심장 근육이 튼튼해지고 체지방도 줄일 수 있어 다이어트에도 큰 도움이 됩니다. 하지만 무릎이 아프거나 나이가 너무 많은 사람은 유산소 운동보다는 산책이나 빨리 걷기 운동을 하는 것이 더욱 좋습니다. 규칙적인 유산소 운동과 함께 중요한 것은 균형 잡힌 식단을 유지하는 것입니다. 지방이 적고 단백질이 풍부한 음식을 먹어서 체중을 관리하고 근육을 단련하는 것이 권장됩니다. 마지막으로, 유산소 운동 후에는 충분한 수분을 섭취하는 것이 중요합니다.

531. Basado en el pasaje, ¿qué se presenta como una forma efectiva de mantener la salud?

A. Boxeo B. Cross Fit C. Yoga D. Cardio E. Halterofilia

532. ¿Según el pasaje, los expertos dicen que es ideal correr al menos cuántas veces a la semana?

A. Una vez B. Dos veces C. Tres veces D. Cuatro veces E. Cinco veces

533. ¿Según el pasaje, los expertos dicen que es ideal correr al menos cuánto tiempo cada vez que trabajas?

A. Veinte minutos B. Treinta minutos C. Cuarenta minutos D. Cincuenta minutos E. Sesenta minutos

534. Basado en el pasaje, ¿cuál es el beneficio de hacer ejercicio cardiovascular?

A. Perder grasa corporal B. Fortalecer las articulaciones de la rodilla C. Mejorar la digestión D. Reducir el estrés E. Mejorar la piel

535. ¿Basado en el pasaje, hacer cardio fortalece qué músculo?

A. Centrales B. Pierna C. Brazo D. Espalda E. Corazón

536. Basado en el pasaje, hacer ejercicio cardiovascular es beneficioso para ...

A. Hacer dieta B. Estudiar C. Dormir D. Centrarse E. Descansar

537. Según el pasaje, ¿quién NO debería hacer ejercicio cardiovascular?

A. Personas con rodillas malas B. Personas con dolores de cabeza C. Personas con enfermedad cardíaca D. Personas con presión arterial alta E. Personas con diabetes

538. Basado en el pasaje, ¿qué otro ejercicio se sugiere como una alternativa para las personas mencionadas anteriormente?

A. Natación B. Yoga C. Pilates D. Caminar rápido E. Remo

539. Basado en el pasaje, ¿qué otra cosa es tan importante como hacer cardio regularmente?

A. Dieta bien equilibrada B. Grasa corporal baja C. Presión arterial baja D. Descanso E. Dormir bien

540. Basado en el pasaje, ¿qué se recomienda después de una sesión de cardio?

A. Tomar una ducha B. Tomar un baño C. Tomar suficiente agua D. Dormir E. Cante

Pregunta 541 - 550. Lee el siguiente pasaje y responde las preguntas.

> 동물에게 가장 힘든 계절은 겨울입니다. 추운 날씨에는 먹이가 많지 않아 굶어 죽는 경우가 많기 때문입니다. 하지만 어떤 동물들은 한참 동안 먹이를 먹지 않아도 살아갈 수 있기도 합니다. 이러한 동물들은 겨울 동안 계속해서 잠을 잡니다. 이러한 것을 '겨울잠' 이라고 합니다. 대표적인 동물로는 북극곰이 있습니다. 북극곰은 계속해서 잠을 자는데, 이를 통해서 에너지 소모를 최소화할 수 있습니다. 긴 겨울이 지나고 봄이 오면, 잠에서 깬 북극곰이 다시 활발하게 움직이는 것을 볼 수 있습니다. 또 다른 동물은 개구리입니다. 개구리 또한 겨우내 땅속에서 잠을 자면서 추운 겨울을 이겨냅니다. 과학자들은 이러한 습성이 진화의 증거라고 말합니다.

541. Basado en el pasaje, la temporada más difícil para los animales es ...

A. Primavera B. Verano C. Otoño D. Invierno

542.Basado en el pasaje, durante ese tiempo, los animales a menudo ...

A. Congelación hasta la muerte B. Muerte del hambre C. Matar a los demás D. Desaparecer E. Atrapar una enfermedad

543. Según el pasaje, algunos animales pueden durar durante el invierno sin tener que ...

A. Cazar B. Movimiento C. Comer D. Correr E. Dormir

544. Basado en el pasaje, ¿qué hacen esos animales durante el invierno?

A. Ahorre energía B. Cacería C. Migre D. Descanse E. Duerma

545. ¿Basado en el pasaje, tal comportamiento se llama ...?

A.잠 B.겨울 C.동물 D.날씨 E.겨울잠

546. Basado en el pasaje, tal comportamiento les ayuda a durar el invierno porque...

A. Maximiza el metabolismo B. Minimiza el uso de energía C. Maximiza el almacenamiento de grasa D. Reduce el sistema inmune E. Reduce el sistema digestivo

547. De acuerdo con el pasaje, ¿cuándo están los animales nuevamente activos?

A. Primavera B. Verano C. Otoño D. Invierno

548. Basado en el pasaje, el autor usa ESTE animal como otro ejemplo ...

A. Tigre B. Ciervo C. Serpiente de cascabel D. Zorro E. Rana

549. ¿Basado en el pasaje, el animal mencionado se queda DONDE durante el invierno?

A. Región cálida B. Dentro de otro animal C. Nido D. Cueva E. Bajo tierra

550. Basado en el pasaje, los científicos dicen que tal comportamiento es una evidencia de ...

A. lucha o huida B. Selección natural C. Creación D. Evolución E. Revolución

Pregunta 551 - 560. Lee el siguiente pasaje y responde las preguntas.

전문가들에 따르면 텔레비전을 너무 많이 보는 것은 눈 건강에 좋지 않다고 한다. 가장 큰 문제는 눈이 건조해져서 불편해지는 것인데, 심각해질 경우에는 시력을 잃을 수도 있다고 한다. 이러한 문제를 방지하기 위해서는 텔레비전을 한 번에 한 시간 이상 시청하는 것을 자제하고, 눈을 충분히 쉬게 해 주는 것을 권장한다. 시력은 한번 잃게 되면 회복하기 쉽지 않기 때문에, 평소에 꾸준히 관리하는 노력이 필요하다. 이와 함께 눈 건강에 좋은 음식을 먹는 것이 도움이 된다고 한다. 당근, 블루베리에는 눈 건강에 좋은 영양소가 많아 자주 섭취하는 것이 권장된다. 그리고, 시력이 약해진 경우에는 안경을 쓰는 것이 필요하다.

551. Basado en el pasaje, hacer ESTO demasiado no es bueno para la salud de los ojos.

A.Lectura B. Ver TV C. Hacer Ejercicio de D. Dormir E. Cantar

552. Basado en el pasaje, hacer eso puede hacer que tus ojos se vuelvan ...

A.Seco B. Humedo C.Rígido D.Funcionando mal E. Borroso

553. Basado en el pasaje, tal enfermedad podría llevar a ...

A.Pérdida de la audición B. Músculos del ojo rígidos C. Pupilas Dañadas D.Ver Cosas E. Pérdida de Visión

554. Basado en el pasaje, para evitar el problema, debe abstenerse de ver televisión por más de ESTO durante mucho tiempo.

A. Una hora B. Dos horas C. Dos horas y treinta minutos D. Cuatro horas E. Sesenta horas

555. Basado en el pasaje, dar ESTE a tus ojos también es importante ...

A.Tiempo B. Presión C. Luz D. Descanso E. Humedad

556. Según el pasaje, la visión perdida se puede restaurar fácilmente con el cuidado adecuado.

A. Verdadero B. Falso

557. Basado en el pasaje, ¿con qué frecuencia debe cuidar sus ojos?

A. Frecuentemente B. Una vez a la semana C. Una vez al año D. Consistentemente E. Esporádicamente

558. Según el pasaje, hacer esto también es importante para la salud de los ojos.

A. Coma alimentos que sean beneficiosos para la salud de los ojos B. Duerma más de seis horas al día C. Camine al menos dos veces al día D. Haga ejercicio regularmente E. Mantenga una buena higiene

559. Basado en el pasaje, ¿cuáles son algunos de los buenos alimentos para la salud ocular?

A. Hamburguesa B. Arroz C. Fresa D. Arándano E. Seta

560. Basado en el pasaje, el autor NO sugiere usar lentes en caso de visión deteriorada.

A. Verdadero B. Falso

Pregunta 561 - 570. Lee el siguiente pasaje y responde las preguntas.

> 운전할 때는 고도의 집중력이 요구된다. 왜냐면 주위를 잘 살펴서 위험한 요소가 없는지 확인해야 하기 때문이다. 특히나 날씨가 좋지 않은 날, 예를 들어 비가 많이 오거나 눈이 많이 오는 날에는 더욱 많은 조심을 기울여야 한다. 차량이 멈추지 않고 미끄러질 수 있어서 잘못하면 큰 사고로 이어질 수 있기 때문이다. 자동차 안전을 높이기 위한 다양한 기술이 개발되고 있지만, 운전자가 조심하는 것이 가장 효과적인 방법이다. 전 세계적으로 하루 평균 백 명 이상이 교통사고로 사망한다. 그중에서도 나이가 많은 운전자들이 일으키는 사고가 가장 잦다. 이러한 이유에서 일부 국가에서는 팔십 세 이상의 운전자들 운전을 제한하는 계획을 하고 있다. 이러한 문제 때문에 많은 자동차 회사들은 자율주행 자동차를 개발하고 있다. 미래에는, 사람이 직접 운전하지 않아도 되는 시대가 올 것이다. 나아가, 전기로 움직이는 자동차가 대중화되어 환경보호에도 큰 도움이 될 것이다.

561. Según el pasaje, se necesita un alto nivel de ESTO cuando se conduce.

A. Foco B. Comprensión C. Análisis D. Humor E. Paciencia

562. Basado en el pasaje, durante ESTE día los conductores deben tener mucho cuidado ...

A. Mal tiempo B. Vacaciones C. Fin de semana D. Día caluroso E. Día frío

563. Según el pasaje, la razón por la que sería difícil conducir durante un mal día es porque el camino es ...

A. Congestionado B. Deslizadizo C. Caliente D. Desigual E. Dañado

564. Con base en el pasaje, el autor sugiere cuál es la forma más efectiva de evitar accidentes.

A. Nueva tecnología B. Conductores más cuidadosos C. No conduzca D. Alquile un automóvil E. Comparta un automóvil

565. Según el pasaje, ¿cuántas personas mueren en promedio por accidentes automovilísticos?

A. Treinta B. Cincuenta C. Sesenta D. Ochenta E. Cien

566. Según el pasaje, ¿quiénes son la mayor causa de accidentes?

A. Adolescentes B. Personas mayores C. Conductores sin licencia D. Conductores femeninos E. Conductores masculinos

567. Según el pasaje, por la razón mencionada anteriormente, algunos países están tratando de restringir la emisión de licencias a los conductores mayores de ...

A. Cincuenta B. Sesenta C.Setenta D. Ochenta E. Noventa

568. Basado en el pasaje, por la razón mencionada anteriormente, muchos fabricantes de automóviles están haciendo ...

A. Vehículo autónomo B. Vehículo premium C. Motocicleta D. Vehículo de hidrógeno E. Vehículo robótico

569. Según el pasaje, ¿QUIÉN sería libre de conducir en el futuro?

A. Conductores ebrios B. Conductores femeninos C. Personas mayores D. Todos E. Adolescentes

570. Basado en el pasaje, ¿QUÉ podría ser de gran ayuda para proteger el medio ambiente?

A. Vehículo eléctrico B. Bicicleta C. Vehículo más pequeño D. Vehículo de hidrógeno E. Motocicleta

Pregunta 571 - 580. Lee el siguiente pasaje y responde las preguntas.

한식은 한국인들이 예로부터 즐겨온 음식을 이르는 말로, 그 역사는 수천 년에 달한다. 한식은 다양한 식재료를 사용하지만, 맛과 영양의 균형을 가장 중요하게 생각한다. 외국인들이 가장 좋아하는 대표적인 한식으로는 비빔밥이 있는데, 채소, 달걀, 버섯, 불고기 등을 함께 즐길 수 있는 요리다. 한식은 숟가락과 젓가락을 사용하여 즐기는데, 어른들과 함께 식사할 경우에는 지켜야 할 규칙이 있다. 첫째로 어른이 먼저 식사를 시작하시기를 기다리는 것이다. 두 번째로 너무 시끄럽게 먹지 않는 것이다. 마지막으로 어른이 식사를 마치시기 전에 자리에서 일어나지 않는 것이다. 한식은 이제 외국인들도 즐기는 세계적인 요리가 되었다. 한식의 미래를 위해서는 유행에 어울리는 새로운 레시피가 필요하다. 이는 한식을 즐기는 젊은이들의 비율이 많이 줄어들고 있기 때문이다.

571. Según el pasaje, la comida que disfrutan los coreanos se llama ...

A. Bap B. Hansik C. Achim D. Bibimbap E. Hangeul

572. Basado en el pasaje, ¿cuánto tiempo ha pasado la historia de Hansik?

A. Diez mil años B. Miles de años C. Mil años D. Quinientos años E. Cien años

573. Basado en el pasaje, ¿el aspecto más importante de Hansik es el equilibrio entre?

A. Yin y Yang B. Antiguo y Nuevo C. Tradición y Tendencia D. Precio y Calidad E. Gusto y Nutrición

574. Basado en el pasaje, ESTE plato de Hansik es el más disfrutado por los extranjeros.

A.Galbi B.Kimbap C.Japchae D.Bulgogi E.Bibimbap

575. Basado en el pasaje, ¿cuál de los siguientes no es un ingrediente de Bibimbap?

A. Champiñón B. Huevo C. Bulgogi D. Ramen E. Vegetales

576. Basado en el pasaje, ¿Hansik se disfruta usando ...?

A. Solo palillos B. Cuchara y palillos C. Mano D. Tenedor y palillos E. Tenedor y cuchara

577. Según el pasaje, cuando se come con personas mayores, los jóvenes deben ...

A. No hable B. Espere a que las personas mayores comiencen a comer C. Coma con ambas manos D. Coma menos que las personas mayores E. No haga contacto visual con las personas mayores

578. Basado en el pasaje, ¿Hansik ahora es disfrutado por ...?

A. Niños B. Americanos y asiáticos C. Solamente asiáticos D. Solamente coreanos E. Gente de todo el mundo

579. Basado en el pasaje, ¿qué se necesita para el futuro de Hansik?

A. Recetas de moda B. Recetas tradicionales C. Mejor servicio D. Platos más saludables E. Platos más picantes

580. Según el pasaje, ¿está disminuyendo la cantidad de personas que disfrutan de Hansik entre ...?

A. Coreanos B. Jóvenes C. Personas mayores D. Mujeres E. Hombres

Pregunta 581 - 590. Lee el siguiente pasaje y responde las preguntas.

대한민국의 수도 서울의 역사는 오백 년이 넘습니다. 오랜 시간만큼 이름도 다양합니다. 조선 시대에는 한양이라 불렸고, 일제 강점기에는 경성이라 불렸습니다. 서울에는 다섯 개의 왕궁이 있는데, 관광객들로 항상 붐빕니다. 여행 시즌에는 사람이 너무 많아, 예약을 하지 않으면 구경할 수 없습니다. 서울의 인구는 약 천만 명에 달하는데, 이는 도쿄와 뉴욕보다도 많은 숫자입니다. 서울에는 약 오십만 명 정도의 외국인이 거주하는데, 계속해서 증가하고 있습니다. 그래서 세계의 다양한 요리를 즐길 수 있는 식당들이 많습니다. 서울은 전통과 현대가 공존하는 도시입니다. 오랜 역사와 최신 기술이 자연스럽게 어울리는 모습은 다른 어떤 곳에서도 찾기 힘든 모습입니다. 하지만 차가 많아 교통이 복잡한 것은 단점입니다.

581. Según el pasaje, ¿qué edad tiene Seúl?

A. Más de 100 años B. Más de 200 años C. Más de 300 años D. Más de 400 años E. Más de 500 años

582. Basado en el pasaje, Seúl solía llamarse ESTO durante la dinastía Joseon.

A.Saul B.Sung C.Gwanghwamun D.Hyehwa E.Hanyang

583. Según el pasaje, ¿cuántos palacios reales hay en Seúl?

A. Cuatro B. Cinco C. Seis D. Siete E. Diez

584. Basado en el pasaje, los palacios reales están llenos de ...

A. Soldados B. Adolescentes C. Estudiantes D. Turistas E. Historiadores

585. Según el pasaje, Seúl tiene una población cercana a ...

A. Un Millón B. Cinco Millones C. Diez Millones D. Un Millón de Mil Millones E. Cinco Mil Millones

586. Basado en el pasaje, ¿Seúl tiene más personas que Tokio pero menos que Nueva York?

A. Verdadero B. Falso

587. Según el pasaje, el número de extranjeros continúa ...

A. Aumentar B. Disminuir C. Mantener lo mismo D. Mantenerse en un nivel constante E. Fluctuar

588. Basado en el pasaje, hay muchos de estos que representan diversas culturas.

A. Escuelas B. Iglesias C. Restaurantes D. Museos E. Teatros

589. Basado en el pasaje, Seúl tiene a ESTOS coexistiendo en armonía.

A. Paso y futuro B. Hombres y mujeres C. Norte y sur D. Tradición y modernidad E. Yin y Yang

590. Basado en el pasaje, una desventaja de Seúl es ...

A. Tasa de criminalidad B. Congestión del tráfico C. Accidentes automovilísticos D. Internet lento E. Alto costo de la vida

Pregunta 591 - 600. Lee el siguiente pasaje y responde las preguntas.

언어학자들에 따르면, 언어를 공부하는 데 있어서 가장 효과적인 방법은 따라 하기라고 한다. 어린 아기들이 언어를 배우는 과정을 보면 잘 알 수 있다. 아기들은 태어나서 아무 말도 할 줄 모르다가 부모가 말하는 것을 오랫동안 관찰하여 똑같이 흉내 내는 방법을 사용한다. 이러한 방법을 통해 발음을 연습하고, 문장의 구성을 이해하고, 의사소통하는 법을 터득한다. 이와 더불어 몸짓과 표정을 통해 감정을 전달하는 방법까지 익히게 된다. 다시 말해, 언어는 모방을 통한 학습이 가장 효과적이라고 할 수 있다. 하지만 바꾸어 말하면, 어렸을 때 정확한 발음을 가르치는 것이 중요하다. 매우 흥미롭게도, 동물 또한 모방을 통해 언어를 습득한다. 예를 들어, 강아지들은 어미 강아지가 짖는 방식을 보고 따라 한다. 전 세계에는 육천구백 개가 넘는 언어가 있고, 가장 많은 사람들이 사용하는 언어는 중국어다.

591. Según el pasaje, ¿la forma más efectiva de aprender un idioma es ...?

A. Mirando B. Llamando C. Viajando D. Escritura E. Imitando

592. Basado en el pasaje, ¿un buen ejemplo es ...?

A. Adolescentes B. Gemelos C. Maestros D. Personas mayores E. Bebés

593. Basado en el pasaje, ¿quién hace tal reclamo?

A. Maestros B. Estudiantes C. Enfermeras D. Científicos E. Lingüistas

594. Según el pasaje, ¿a quién imitan los bebés?

A. Padres B. Maestros C. Enfermeras D. Doctores E. Amigos

595. Basado en el pasaje, a través de tales prácticas, los bebés aprenden a ...

A. Equilibrar los cuerpos B. Caminar C. Comunicar D. Calcular E. Cantar

596. Basado en el pasaje, ¿qué más aprenden los bebés a usar como una forma de comunicación?

A. Expresiones faciales B. Moda C. Música D. Color E. Sonido

597. Basado en el pasaje, es importante enseñarles ESTO cuando son jóvenes.

A. Pronunciación correcta B. Gesto C. Expresión facial D. Contacto visual E. La capacidad de escucha

598. Basado en el pasaje, ¿qué animal aprende a comunicarse imitando a su madre?

A. Conejitos B. Iguanas C. Cachorros D. Patitos E. Gatitos

599. Según el pasaje, ¿cuántos idiomas hay en el mundo?

A. Más de 3,000 B. Más de 4,500 C. Más de 5,200 D. Más de 6,900 E. Exactamente 6,900

600. Basado en el pasaje, ¿cuál es el idioma más hablado en el mundo?

A. Español B. Portugués C. Chino D. Inglés E. Ruso

Clave de respuestas

591.E   592.E   593.E   594.A   595.C   596.A   597.A   598.C   599.D   600.C